金陵全書

丁編·文獻類

周官新義

（宋）王安石 撰

南京出版傳媒集團
南京出版社

圖書在版編目（CIP）數據

周官新義 /（宋）王安石撰. -- 南京：南京出版社, 2023.6

（金陵全書）

ISBN 978-7-5533-4166-8

Ⅰ. ①周… Ⅱ. ①王… Ⅲ. ①禮儀 – 中國 – 周代②官制 – 中國 – 周代 Ⅳ. ①K224.06

中國國家版本館CIP數據核字(2023)第059839號

書　名　【金陵全書】（丁編 · 文獻類）
　　　　周官新義

作　者　（宋）王安石

出版發行　南京出版傳媒集團
　　　　南 京 出 版 社

社址：南京市太平門街53號　　郵編：210016

網址：http://www.njcbs.cn　　電子信箱：njcbs1988@163.com

聯系電話：025-83283893、83283864（營銷）　025-83112257（編務）

出 版 人　項曉寧

出 品 人　盧海鳴

責任編輯　嚴行健

裝幀設計　楊曉崗

責任印製　楊福彬

製　版　南京新華豐製版有限公司

印　刷　南京凱德印刷有限公司

開　本　889毫米 × 1194毫米　1/16

印　張　45.75

版　次　2023年6月第1版

印　次　2023年6月第1次印刷

書　號　ISBN　978-7-5533-4166-8

定　價　800.00元

用微信或京東
APP掃碼購書

用淘寶APP
掃碼購書

總序

南京，古稱金陵，中國著名的四大古都之一，是國務院首批公佈的國家歷史文化名城。

南京有着六十萬年的人類活動史，近二千五百年的建城史，約四百五十年的建都史，享有『六朝古都』『十朝都會』的美譽。南京歷史的興衰起伏在某種程度上可以説是中國歷史的一個縮影。在中華民族光輝燦爛的歷史長河中，古聖先賢在南京創造了舉世矚目、富有特色的六朝文化、南唐文化、明文化和民國文化，爲中華民族文化的傳承和發展做出了不朽貢獻。然而，由於時代的遞遷、戰争的破壞以及自然的損毁等原因，歷史上南京的輝煌成就以物質文化形態留存下來的相對較少，見諸文獻典籍的則相對較多。南京文獻内涵廣博，卷帙浩繁，版本複雜。截至一九四九年中華人民共和國成立，南京文獻留存下來的有近萬種，在全國歷史文化名城中名列前茅。以六朝《世説新語》《文心雕龍》《昭明文選》，唐朝《建康實録》，宋朝《景定建康志》《六朝事跡編類》，元朝《至正金陵新志》，明朝《洪武京城圖志》《金陵古今圖考》《客座贅語》，清朝《康熙江寧府志》《白下瑣言》，民國《首都計劃》《首都志》《金陵古蹟圖考》等爲代表的南京地方文獻，不僅是南京文化的集中體現，也是中華民族優秀傳統文化的重要組成部分。這些南京文獻，積澱貯存了歷代南京人民的經驗和智慧，翔實地反映了南京地區的社會變遷，是研究南京乃至全國政治、經濟、軍事、文化、外交和民風民俗的重要資料。

歷史上的南京文化輝煌燦爛，各類圖書典籍琳琅滿目。迄今爲止，南京文獻曾經有過三次不同程度的整理。

第一次是距今六百多年前的明朝永樂年間，明朝中央政府在南京組織整理出版了《永樂大典》。《永樂大典》正文二萬二千八百七十七卷，凡例和目録六十卷，分裝成一萬一千零九十五册，總字數約三億七千萬字。書中保存了中國上自先秦、下迄明初的各種典籍資料達七八千種，是中國古代最大的類書。

第二次是民國年間，南京通志館編印了一套《南京文獻》。《南京文獻》每月一期，從一九四七年元月至一九四九年二月共刊行了二十六期，收入南京地方文獻六十七種，包括元明清到民國各個時期的著作，其中收録的部分民國文獻今天已經成爲絶版。

第三次是二〇〇六年以來，南京出版社選取部分南京珍貴文獻，整理出版了一套《南京稀見文獻叢刊》點校本，到二〇二〇年，已經出版了六十九册一百零五種，時代上起六朝，下迄民國，在學術普及方面做出了一定的貢獻。

中華人民共和國成立以來，尤其是改革開放以來，南京的政治、經濟、文化建設飛速發展，但南京文獻的全面系統整理出版工作一直没有得到應有的重視，這與南京這座國家歷史文化名城的地位頗不相稱。據調查，目前有關南京的各類文獻主要保存在南京圖書館、南京市檔案館，以及全國各地的高等院校、科研院所、圖書館、檔案館、博物館，少數流散於民間和國外。一方面，廣大讀者要查閲這些收藏在全國各地的南京文獻殊爲不便；另一方面，許多珍貴的南京文獻隨着歲月的流逝而瀕臨損毁和失傳。南京文獻的存史、資治、教化、育人功能没有得到應有的發揮。

盛世修史（志）。在中華民族和平崛起和大力弘揚民族傳統文化、全力發展民族文化事業的大背景下，在建設『文化南京』的發展思路下，中共南京市委、南京市人民政府於二〇〇九年十二月做出決定，將南京有史以來的地方文獻進行全面系統的匯集、整理和影印出版，輯爲《金陵全書》（以下簡稱《全書》），以更好地搶救和保護鄉邦文獻，傳承民族文化，推動學術研究，促進南京文化建設；同時，也更爲有効地增加南京文獻存世途徑，提昇南京文獻地位，凸顯南京文獻價值。

爲編纂出能够代表當代最高學術水平和科技成就，又經得起時間檢驗的《全書》，我們將編纂工作分成三個階段進行。第一個階段爲調研階段，主要對南京現存文獻的種類、數量、保存現狀以及收藏地點等進行深入細緻的調研，召集專家學者多次進行學術論證和可操作性論證，撰寫出可行性調查報告，爲科學決策提供依據，此項工作主要由中共南京市委宣傳部和南京出版社組織完成。第二個階段爲啓動階段，以二〇〇九年十二月二十四日召開的『《金陵全書》編纂啓動工作會』爲標志，市委主要領導親自到會動員講話，市委宣傳部對《全書》的編纂出版工作作了明確部署。在廣泛徵求專家學者意見的基礎上，確定了《全書》的總體框架設計，確定了將《全書》列爲市委宣傳部每年要實施的重大文化工程，確定了主要參編責任單位和責任人，並分解了任務。第三個階段爲編纂出版階段，主要在全國範圍内進行資料的徵集、遴選和圖書的版式設計、複製、排版及印製工作。

爲了確保《全書》編纂出版工作的順利進行，中共南京市委、南京市人民政府成立了專門的編纂出版組織機構。其中編輯工作領導小組，由中共南京市委、市政府領導以及相關成員單位主要負責人組成；《全書》的編纂出版工作由市委宣傳部總牽頭；學術指導委員會，由蔣贊初、茅家琦、梁白泉等一批全國著名的專家學者組成，負責《全書》的學術審核和把關。

《全書》分爲方志、史料、檔案和文獻四大類。自二〇一〇年起，計劃每年出版四十册左右。鑒於《全書》的整理出版工作難度較大，周期較長，在具體操作中，我們採取了分工協作的方式。市委宣傳部和南京出版社負責《全書》的總體策劃，其中方志部分，主要由南京市地方志編纂委員會辦公室和南京出版傳媒集團·南京出版社共同承擔；史料和文獻部分，主要由南京圖書館承擔；檔案部分，主要由南京市檔案局（館）承擔。《全書》的編輯出版，得到了江蘇省文化廳、江蘇省新聞出版局、江蘇省檔案局（館）、南京大學、南京圖書館、南京市文廣新局、南京市社科聯（社科院）、南京市文聯、金陵圖書館以及各區委宣傳部和地方志辦公室等單位及社會各界的熱情鼓勵和大力支持，尤其是得到了中國國家圖書館和全國各地（包括港臺地區）高等院校、科研院所、圖書館、檔案館、博物館等藏書單位的鼎力相助，在此表示深深的謝意！

我們相信，在中共南京市委、南京市人民政府的長期不懈支持下，在各部門、各單位的積極配合和衆多專家學者的共同努力下，這項功在當代、利在千秋的傳世工程一定能够圓滿完成。

《金陵全書》編輯出版委員會

凡例

一、《金陵全書》（以下簡稱《全書》）收録的南京文獻，分爲方志、史料、檔案和文獻四大類。

二、《全書》按上述四大類分爲甲、乙、丙、丁四編，以不同的封面顔色加以區分；每編酌分細類，原則上以成書時代爲序分爲若幹册，依次編列序號。

三、《全書》收録南京文獻的地域範圍，包括了清代江寧府所轄上元、江寧、句容、溧水、高淳、江浦、六合。

四、《全書》收録的南京文獻，其成書年代的下限爲一九四九年。

五、《全書》收録方志、史料和文獻，盡量選用善本爲底本。《全書》收録的檔案以學術價值和實用價值較高爲原則，一般選用延續時間較長、相對比較完整的檔案全宗。

六、《全書》收録的南京文獻底本如有殘缺、漫漶不清等情況，必要時予以配補、抽换或修描，以保證全書完整清晰；稿本、鈔本、批校本的修改、批注文字等均保留原貌。

七、《全書》收録的南京文獻，每種均撰寫提要，置於該文獻前，以便讀者了解其作者生平、主要内容、學術文化價值、編纂過程、版本源流、底本採用等情況。

八、《全書》所收文獻篇幅較大時，分爲序號相連的若幹册；篇幅較小的文獻，則將數種合編爲一册。

九、《全書》統一版式設計，大部分文獻原大影印；對於少數原版面過大或過小的文獻，適當進行縮小或放大處理，並加以説明。

十、《全書》各册除保留文獻原有頁碼外，均新編頁碼，每册頁碼自爲起訖。

提要

《周官新義》十六卷，附《考工記解》二卷，宋王安石撰。

王安石（一〇二一—一〇八六），字介甫，晚號半山，撫州臨川（今江西撫州臨川區）人。仁宗慶曆二年（一〇四二）進士，授簽書淮南節度判官廳公事，歷任知鄞縣事、舒州通判，後調開封任群牧司判官，又外調知常州事、提點江南東路刑獄公事，繼召爲三司度支判官、知制誥。神宗熙寧元年（一〇六八），召爲翰林學士兼侍講。二年，任參知政事，開始變法。三年，再拜同中書門下平章事。七年，罷相，出知江寧府（今江蘇南京）。八年，再相。九年，固辭宰相之職，再度罷相，以鎮南節度使、同平章事判江寧府，封舒國公，旋改荆，世稱荆公。哲宗元祐元年（一〇八六），病逝於江寧，謚曰文。著有《三經新義》《字說》《臨川先生文集》等。其事跡詳見《宋史》卷三二七、劉成國《王安石年譜長編》。

《周官新義》，又名《周禮新義》，原名《周官義》，是王安石主持編纂、用以教導天下學子的《三經義》之一，後人以其中多用新説，故名爲『新義』。

王安石對《周禮》的研究經歷了一個較長的時間段。嘉祐六年（一〇六一），安石撰《諫官論》，末謂『《周官》則未之學也』（《臨川先生文集》卷六十三），可知當時其尚未深入研讀《周禮》。至治平元年（一〇六四），曾鞏《與王介甫第三書》提到王安石謂『讀《禮》，因欲有所論著』（《元豐類稿》卷十六），然則至遲在本年，安石已經關注到《周禮》的價值，並在此後逐步將之發展爲變法的理論依據。

熙寧六年（一〇七三）三月，神宗設局置官，命王安石任提舉修撰國子監經義，訓釋《詩》《書》《周禮》，此爲安石正式撰寫《周官新義》之始。《詩》《書》之義多出於安石之子王雱及諸弟子之手，唯《周官新義》爲安石親自撰著。《周禮義序》説『而臣安石實董《周官》』（《臨川先生文集》卷八十四），蔡絛在政和年間也曾在秘閣見到《周官新義》的稿本，謂其『筆跡猶斜風細雨，誠介甫親書』（《鐵圍山叢談》卷三），均爲其證。七年，王安石退居金陵，以更多精力投入到《周官新義》的撰修工作之中。至八年六月，《三經義》基本完成，王安石上《三經義序》，神宗下詔付國子監。於是《周官新義》遂成爲官方教材與取士標準，在科場及思想界産生巨大影響。

《周官新義》是王安石對《周禮》一書的系統注解，原書共二十二卷，凡十萬餘言。晁公武《郡齋讀書志》卷一上謂其『不解《考工記》』，陳振孫《直齋書録解題》卷二所言亦同。然其書久佚，今傳本是清代四庫館臣利用《永樂大典》殘卷及宋人王與之《周禮訂義》輯佚而成。輯本分爲十六卷，卷一至卷五《天官》，卷六至卷七《地官》，卷八至卷十一《春官》，卷十二至卷十三《夏官》，卷十四至卷十六《秋官》。末附《考工記解》二卷，則爲宋人鄭宗顏《周禮講義》的《考工記》部分，四庫館臣以其『輯安石《字説》爲之』（《四庫全書總目》卷十九），故取以補闕。後錢儀吉又輯得三十餘條，道光、咸豐間刊入《經苑》，但此本多有失收、誤收，又不憚徑改原文，反失原貌，不足爲據。今人續有補輯，以程元敏《周官新義輯考彙評》材料最爲完備。

王安石生平治學，最重《周禮》。其《周禮義序》云：『其人足以任官，其官足以行法，莫盛乎成周之時；其法可施於後世，其文有見於載籍，莫具乎《周官》之書。』换言之，《周禮》是一部反映了周代官制典範，且其制度可行於後世的儒家經典。因此，王安石依經詮義，通過系統性地經辭訓釋與經義闡發，展現了他的政治理想與治國方略。清人全祖望説：『荆公生平用功，此書最深，所自負以爲致君堯舜者，俱出於此，是固熙、丰新法之淵源也。』（《鮚埼亭集·外編》卷二十三《荆公〈周禮新義〉題詞》）正揭出了此書在王安石學術思想體系中的核心地位及其作爲變法理論依據的重要意義。不過，在具體訓釋中，此書也有強生分別、以陰陽釋禮、以《字説》釋禮等問題。特别是訓釋字詞分文析義，多本《字説》，屢遭後人詬病。近人黄侃説『王安石《周禮新義》，於訓詁字義穿鑿實多，然亦發揮經旨，未可以彼託行新法而遂屏其書也』（《禮學略説》），大體而言是較爲公允的評價。當然，全用會意之法解釋文字，不僅見於《周官新義》，實爲王安石晚期學術的一大特色，也是他重塑意義世界的重要手段，在今天不宜僅站在文字學的立場進行評判，這也是需要補充説明的。

本書的版本主要有《四庫全書》本、張海鵬輯刊《墨海金壺》本、錢儀吉輯《經苑》本、伍崇耀編輯《粤雅堂叢書》本（第十六集第一種）等。《金陵全書》收録的《周官新義》以南京圖書館藏清咸豐三年（一八五三）刻《粤雅堂叢書》本爲底本影印出版。原書横長八十三毫米，縱高一一一毫米，現擴爲横長一一八毫米，縱高一五八毫米。

楊曦

周官新義

周官祿表

粤雅堂叢書目

第十六集

周官新義十六卷　宋王安石撰
爾雅新義二十卷　宋陸佃撰
孫氏周易集解十卷　國朝孫星衍撰
春秋穀梁傳時月日書法釋例一卷　國朝許桂林撰

粤雅堂叢書目

自序

士弊於俗學久矣聖上閔焉以經術造之乃集儒臣訓釋厥旨將播之校學而臣安石實董周官惟道之在政事其貴賤有位其後先有序其多寡有數其遲數有時制而用之存乎灋推而行之存乎人其人足以任官其官足以行灋莫盛于成周之時其灋可施于後世其文有見於載籍莫具於周官之書蓋其因習以崇之賡續以終之至于後世無以復加則豈特文武周公之力哉猶四時之運陰陽積而成寒暑非一日也自周之衰以

至于今歷歲數千百矣太平之遺迹埽蕩幾盡學者所
見無復全經於是時也乃欲訓而發之臣誠不自揆然
知其難也以訓而發之之爲難則又以知夫立政造事
追而復之之爲難然竊觀聖上致灋就功取成于心訓
迪在位有馮有翼亹亹乎鄉六服承德之世矣以所觀
乎今考所學于古所謂見而知之者臣誠不自揆妄以
爲庶幾焉故遂昧冒自竭而忘其材之弗及也謹列其
書爲二十有二卷凡十餘萬言上之御府副在有司以
待制詔頒焉謹序

昔王荆文公以周官泉府一言禍宋迨南渡後既已罷從祀斥新經盡棄其所學然當時諸儒釋周禮者猶多稱述知其言固有不可廢者已顧傳本入閒幾絕近世藏書家亦鮮著錄往儀徵相國撫浙時許諸生就杭州文瀾閣寫書余錄得經說十數種此其一也是爲永樂大典本因參攷諸家傳義有引王氏說而此本不及者知胡廣等所見不獨地官夏官之有闕文也爰爲補錄凡得百三十餘條悉注於下稍爲增多矣字說久佚不傳獨見於此注中其於六書之義違戾已甚輒依許氏

書正之庶幾學者不爲所誤爾考工記注二卷爲鄭宗
顏輯前人言之致確而舊本猶署安石名豈以中用字
說尤多因爲王氏一家之學邪校讀一周因識其後嘉
興錢儀吉

周官新義卷一

宋 王安石 譔

天官一

惟王建國辨方正位體國經野設官分職以為民極

晝參諸日景夜考諸極星以正朝夕於是求地中以建王國此之謂辨方既辨方矣立宗廟於左立社稷於右立朝於前立市於後此之謂正位宮門城闕堂室之類（王氏與之訂義引此文作宮城門闕堂室之類）高下廣狹之制凡在國者莫不有體此之謂體國井牧溝洫田萊之類遠

近多寡之數凡在野者莫不有經此之謂經野官言所使之人職言所掌之事官言以下十二字據義疏增設官則官府之六屬是也分職則官府之六職是也設官分職內以治國外以治野建置在上如屋之極使民如是取中而庇焉故曰以爲民極極之字從木從亟木之亟者屋極是也

乃立天官冢宰使帥其屬而掌邦治以佐王均邦國

發露人罪而治之者刑官之治也亡覆人罪而治之者治官之治也治官尚未及敎而況於刑乎宰治官

之上也故宰之字從宀從辠省宀覆人辠之意宰以治割調和爲事詁義引此治作制故供刀匕者謂之宰宰於地特高故宰謂之冢也山頂曰冢冢大之上也列職於王則冢宰與六卿同謂之大百官總焉則大宰於六卿獨謂之冢以左助之爲佐以右助之爲佑地道尊右而左手足不如右彊則佐之爲助不如佑之力也冢宰於六卿莫尊焉而曰佐王則爲其非論道以助王也作而行之而已邦亦謂之國國亦謂之邦凡言邦國者諸侯之國也凡言邦言國者王國也亦或

諸侯之國國於文從或從口爲其或之也故口之故凡言國則以別郊野邦於文從邑從丰是邑之丰者故凡言邦則以別於邑都亦或包邑都而言焉凡國有大事戮其犯命者則以別於郊故也國中自七尺以上則以別於野故也若國凶荒令賙委之則以別於邦故也邦中之賦則以別於甸削縣都故也令邦移民就穀則以包邑都而言故也

治官之屬大宰卿一人小宰中大夫二人宰夫下大夫四人上士八人中士十有六人旅下士卅有一人府六

人史十有二人胥有十二人徒百有廿人

大宰卿小宰中大夫則卿上大夫也王制曰諸矦之上大夫卿葢非特諸矦之卿爲然也卿之字從𠂎𠂎奏也從卩卩止也左從𠂎右從卩知進止之意卩𠂎古節奏字從皀黍稷之氣也黍稷地產有養人之道其皀能上達卿雖有養人之道而上達然地類也故其字如此夫之字與天皆從一從大夫者妻之天故也天大而無上故一在大上夫雖一而大然不如天之無上故一不得在大上夫以智帥人者也大夫以智帥人

之大者也士之字與工與才皆從二從丨說文士从一十孔子曰推十合一爲士工象人有規榘與巫同意才艸木之初也从丨上貫一將生枝葉也一地也三文皆不从二才無所不達故達其上下工具人器而已故上下皆弗達士非成才則宜亦皆弗達然志於道者故達其上也士事人者也故士又訓事事人則未能以智帥人非人之所事也故未娶謂之士下士謂之旅則衆故也旅之字從㫃從从衆矣則從旌旗指揮故也從旌旗指揮則從人而不自用下士之爲旅則亦從人而不自用者也府之字從广從付广則其藏也付

則以物付之叓之字從中從又設官分職以爲民中叓則所執在下叻之而已胥之字從疋從肉疋則以其爲物下體肉則以其亦能養人其養人也相之而已故胥又訓相也鄉從皀胥從肉皆以養人爲義則王所建置凡以養人而已徒之字從辵從土徒無車從也其辵而走則親土而已故無車而行謂之徒行也鄭氏以爲府史胥徒皆其官長所自辟除葢自下士以上皆王命也而穆王命太僕曰愼簡乃僚則雖以王命命之而爲之長者得簡之也府史胥徒雖非

士而先王之用人無流品之異其賤則役於士大夫
　而不恥其貴則承於天子而無嫌

宮正上士二人中士四人下士八人府二人史四人胥
四人徒四十人

宮伯中士二人下士四人府一人史二人胥二人徒廿
人

膳夫上士二人中士四人下士八人府二人史四人胥
十有二人徒百有廿人

庖人中士四人下士八人府二人史四人賈八人胥四

人徒四十人

有藏則置府有書則置史有徵令之事則置徒有徒則置胥有市賈之事則置賈府史賈胥徒皆賦祿焉使足以代其耕故市不役賈野不役農而公私得其所

內饔中士四人下士八人府二人史四人胥十人徒百人

外饔中士四人下士八人府二人史四人胥十人徒百人

亨人下士四人府一人史二人胥五人徒五十人

甸師下士二人府一人史二人胥卅人徒三百人

王藉千畝而甸師徒三百人則爲以其薪蒸役內外

饔之事非特耕耨王藉故也

獸人中士四人下士八人府二人史四人胥四人徒四

十人

䱷人中士二人下士四人府二人史四人胥卅人徒三

百人

鼈人下士四人府二人史二人徒十有六人

腊人下士四人府二人史二人徒廿人

醫師上士二人下士四人府二人史二人徒廿人

食醫中士二人

疾醫中士八人

瘍醫下士八人

獸醫下士四人

食疾瘍獸醫無府史徒者醫師聚毒藥以供醫事則有藏矣故有府掌醫之政令而使之分治疾瘍稽其事制其食則其書具有徵令矣故有史有徒諸醫資

藥於醫師受政令聽所使治而已則無所用府史徒矣

酒正中士四人下士八人府二人史八人胥八人徒八十人

酒人奄十人女酒三十人奚三百人

鄭氏以奄爲精氣閉藏者葢民之有是疾先王因擇而用焉與籧篨蒙璆戚施直鎛聾聵司火矇瞍修聲同若以是爲刑人則國君不近刑人而況於王乎若以爲刑無罪之人而任之則宜先王之所不忍也奚

之字從系從大說文奚从䌛省聲䌛籀文系葢給使之賤係於大者故也

漿人奄五人女漿十有五人奚百有五十人

凌人下士二人府二人史二人胥八人徒八十人

籩人奄一人女籩十人奚廿人

醢人奄一人女醢二十人奚四十人

醯人奄二人女醯二十人奚四十人

鹽人奄二人女鹽二十人奚四十人

幂人奄一人女幂十人奚廿人

宫人中士四人下士八人府二人史四人胥八人徒八十人

掌舍下士四人府二人史四人徒四十人

幕人下士一人府二人史二人徒四十人

掌次下士四人府四人史二人徒八十人

大府下大夫二人上士四人下士八人府四人史八人賈十有六人胥八人徒八十人

玉府上士二人中士四人府二人史二人工八人賈八人胥四人徒四十有八人

内府中士二人府一人史二人徒十人

外府中士二人府一人史二人徒十人

司會中大夫二人下大夫四人上士八人中士十有六

人府四人史八人胥五人徒五十人

司書上士二人中士四人府二人史四人徒八人

職内上士二人中士四人府四人史四人徒廿人

職歲上士四人中士八人府四人史八人徒廿人

職幣上士二人中士四人府二人史四人賈四人胥二

人徒廿人

司裘中士二人下士四人府二人史四人徒四十人
掌皮下士四人府二人史四人徒四十人
內宰下大夫二人上士四人中士八人府四人史八人
胥八人徒八十人
內小臣奄上士四人史二人徒八人
閽人王宮每門四人囿游亦如之
寺人王之正內五人
內豎倍寺人之數
九嬪

世婦

女御

女祝四人奚八人

女史八人奚十有六人

九嬪世婦女御皆統於冢宰則王所以治內可謂至公而盡正矣鄭氏曰不列夫人於此官者夫人之於后猶三公之於王坐而論婦禮無官職然則九嬪視卿世婦視大夫女御視士視大夫士而不言數者鄭氏以爲有婦德則充無則闕然則九嬪以敎九御則

世婦之數不過二十七女御之數不過八十一也嬪字從賓則有賓之義婦字從帚婦則卑於嬪矣而御則尤卑如馬之在御遲速緩急唯御者之聽故也

典婦功中士二人下士四人府二人史四人工四人賈四人徒廿人

典絲下士二人府二人史二人賈四人徒十有二人

典枲下士二人府二人史二人徒廿人

內司服奄一人女御二人奚八人

縫人奄二人女御八人女工八十人奚卅人

染人下士二人府二人史二人徒廿人

追師下士二人府一人史二人工二人徒四人

屨人下士二人府一人史一人工八人徒四人

夏采下士四人史一人徒四人

大宰之職掌建邦之六典以佐王治邦國一曰治典以經邦國以治官府以紀萬民二曰教典以安邦國以教官府以擾萬民三曰禮典以和邦國以統百官以諧萬民四曰政典以平邦國以正百官以均萬民五曰刑典以詰邦國以刑百官以糾萬民六曰事典以富邦國以

任百官以生萬民

典之字從冊從丌從冊則載大事故也從丌則尊而丌之也則之字從貝從刀從貝者利也從刀者制也灋之字從水從廌從去從水則水之爲物因地而爲曲直因器而爲方圓其變無常而常可以爲平從廌則廌之爲物去不直者從去則灋將以有所取也然則典則灋詳略可知矣王之治邦國則班常而已故以典典言其大常也治都鄙則使有所揆焉不特班常而已故以則使有所揆焉者也治官府則悉矣故

以灋灋則事爲之制曲爲之防非特使有所揆而已言治都鄙官府則先官府後都鄙都鄙者以大宰所治內外之序爲先後也言施典則灋及以待邦國都鄙官府之治則先邦國次都鄙後官府以大宰所施所待尊卑之序爲先後也所治以內外之序爲先後而先言治邦國則六典以佐王治非與八灋八則序先後而言故也治典曰以經邦國以紀萬民者有經則宜有緯有紀則宜有綱經而紀之者典也綱而緯之則存乎其人矣大宰帥其屬以佐王均邦國而治典以

經邦國治職以平邦國者蓋治典之爲書以經邦國而已治官之屬推而行之然後以平邦國至於均邦國則王之事非治典之書所能及非治官之屬所能專所謂綱而緯之存乎其人者此也治典以紀萬民治職以均萬民則亦治典之爲書以紀萬民而已治官之屬推而行之然後有以均萬民也大司徒率其屬以佐王安擾邦國而教典教職皆曰以安邦國蓋教典之爲書教官之爲職止於以安邦國而已至於擾邦國則王之事也雖然王之事於邦國亦有所不

擾焉故曰以安擾邦國也敎典以擾萬民而敎職
以寧萬民則亦敎典之爲書以擾萬民而已敎官之
屬以其職推而行之然後有以寧萬民也大司馬率
其屬以佐王平邦國政典亦曰以平邦國而政職以
服邦國蓋政典之爲書以平邦國而王之爲政亦平
邦國而已至於政職然後務以服之務以服之則官
人之事耳非所以爲王也政典以均萬民而政職以
正萬民則亦政典之爲書以均萬民而已政官之屬
以其職推而行之然後有以正萬民也禮典禮職皆

以和邦國以諧萬民蓋禮者體也體定矣則禮典之爲書與禮官之爲職不能有加損也刑典刑職皆以詰邦國以糾萬民其意亦猶是也蓋刑者侀也侀成也則刑典之爲書刑官之爲職亦不能有加損也大宗伯帥其屬以佐王和邦國又曰佐王建保邦國則王之事又能建保邦國非特以和而已大司寇帥其屬以佐王刑邦國蓋典與職能詰邦國而已能刑則王之事也然而又曰刑邦國詰四方則雖王之事於四方亦有所不獲刑焉蓋或徒以威讓文誥之加而

已事典事職皆以富邦國蓋事典之爲書事官之爲職以富邦國而已事典以生萬民事職以養萬民蓋事典之爲書以生萬民而已事官之屬以其職推而行之然後有以養萬民也於邦國曰經於萬民曰紀於邦國曰安於萬民曰擾於邦國曰和於萬民曰諧於邦國曰平於萬民曰均於邦國曰詰於萬民曰糾於邦國曰富於萬民曰生萬民王所自治也故其事致詳焉治典敎典曰官府禮典政典刑典事典曰百官者官府言其屬百官則言六官之屬天地之官嫌

於不分故言其屬而已四時之官嫌於不通故言六官之屬也

以八灋治官府一曰官屬以舉邦治二曰官職以辨邦治三曰官聯以會官治四曰官常以聽官治五曰官成以經邦治六曰官灋以正邦治七曰官刑以糾邦治八曰官計以弊邦治

建官矣則設屬以佐之故一曰官屬以舉邦治設屬矣則分職以治之故二曰官職以辨邦治分職矣事非一職所能獨治則聯事以供之故三曰官聯以會

官治六官聯事則有故常違而辨焉則以故常聽之而已故四曰官常以聽官治官常以聽百官府之治而已若夫聽萬民之治則有八成焉故五曰官成以經邦治以官常官成聽之矣然後以灋正之故六曰官灋以正邦治犯灋矣然後以刑糾之故七曰官刑以糾邦治自官屬至於官刑皆灋而已徒灋不能以自行必得人焉爲上行灋然後治成聽官府之六計則所以進羣吏使各致其行能爲上行灋也故八曰官計以弊邦治官計者官府之治所成終始也八灋

或言邦治或言官灋者官聯官常六官之通治雖六官之通治而各致其一官之治故言官治與天地二官嫌於不分故稱官府同意餘則各一官之治雖各一官之治而六官相待而成治是乃所以爲邦治也故言邦治（訂義引故言邦治以包之）與四時之官嫌於不通故稱百官同意官聯以會官治而小宰則以官府之六聯合邦治者大司徒之職曰天地之所合也風雨之所會也蓋兩謂之合衆謂之會以官府之六聯會官治則所會者衆矣以官府六聯合邦治則所合者官聯

與邦治兩而已

以八則治都鄙一曰祭祀以馭其神二曰灋則以馭其官三曰廢置以馭其吏四曰祿位以馭其士五曰賦貢以馭其用六曰禮俗以馭其民七曰刑賞以馭其威八曰田役以馭其衆

書曰建邦設都春秋曰齊人伐我西鄙都鄙者以其有邑都焉故謂之都以其在王國之鄙也故謂之鄙都鄙王子弟公卿大夫所食之采地也學以致其道者士也在所崇養故以祿位馭之治以致其事者吏

也在所察治故廢置馭之言廢常先置者必有廢也然後有所置禮則上之所以制民也俗則上之所以因乎民也無所制乎民則政廢而家殊俗無所因乎民則民偸而禮不行故馭其民當以禮俗也刑所以爲威而曰刑賞以馭其威者獨刑而無賞則人有怨心（元作有怨而已今從訂義正）豈能使民聽服而畏哉田則上之所以簡衆也役則上之所以任衆也或曰馭其民或曰馭其衆者言其會而爲用則曰衆也凡造都鄙必先立宗廟社稷諸神之祀故一曰祭祀以馭其神宗

廟社稷諸神之祀立矣然後立朝廷官府施灋則焉故二曰灋則以馭其官施灋則矣然後其違從廢舉可考而廢置也故三曰廢置以馭其吏廢置者所以治之祿位者所以待之治之者政也待之者禮也徒治之以政而不待之以禮則將免而無恥故四曰祿位以馭其士有吏士以行灋則然後政教立政立則所以富之富之然後賦貢可足教立則所以穀之穀之然後禮俗可成故五曰賦貢以馭其用六曰禮俗以馭其民政教立然後繼之以刑賞刑賞則政教之

末也故七曰刑賞以馭其威威立矣然後衆爲用故八曰田役以馭其衆祭祀以馭其神者其神所享唯祭祀之從也灋則以馭其官者其官所守唯灋則之從也廢置以馭其吏者其吏所治唯廢置之從也祿位以馭其士者其士所事唯祿位之從也賦貢以馭其用者其上所用唯賦貢之從也禮俗以馭其民者其民所履唯禮俗之從也刑賞以馭其威者其民所畏唯刑賞之從也田役以馭其衆者其民所會唯田役之從也若夫典祀弗舉淫祠無禁巫祝費財妖昏

傷民則非所以馭其神也上不知所制下不知所守私義害國私智非上則非所以馭其官也治不時考政不歲會勤不保置怠不患廢則非所以馭其吏也祿不論功位不議行貪汙取富誣僞取貴則非所以馭其士也征求無藝費出無節奢或僭上儉或廢禮則非所以馭其用也人自爲禮莫能統壹家自爲俗無所視效則非所以馭其民也刑以幸免賞以苟得慢公死黨畏衆侮上則非所以馭其威也富貴役貧豪傑兼衆使之則怨作之則懼則非所以馭其衆也

義疏引此文云施舍不均征調無法非所以馭其衆也然則八則之於都鄙曷可少哉治莫小於都鄙莫大於天下都鄙如此則治天下可知矣

以八柄詔王馭羣臣一曰爵以馭其貴二曰祿以馭其富三曰予以馭其幸四曰置以馭其行五曰生以馭其福六曰奪以馭其貧七曰廢以馭其罪八曰誅以馭其過

於六典曰佐王治邦國大治王與大宰共之也王字原脫從訂義會於八灋八則直曰治官府都鄙小治大宰得專

之也於八柄八統曰詔王馭羣臣萬民則是獨王之事也大宰以其義詔之而已予以馭其幸者其賢不足爵也其庸不足祿也而以私恩施焉故謂之幸爵以馭其貴則非王爵之無貴也祿其馭其富則非王祿之無富也予以馭其幸則非王予之無幸也生以馭其福則非王生之無福也奪以馭其貧則非王奪之無貧也置以馭其行則以置馭之使有行也廢以馭其罪誅以馭其過則以廢誅馭之使無罪過也益上失其柄則人以私義自高而爵不足以貴之以專

利自厚而祿不足以富之取予自恣也則不待王幸之而後予生殺自恣也則不待王福之而後生有行或以違忤貴勢而廢誅有罪有過或以朋比姦邪而見置則尚何以馭其羣臣哉八柄與內史同而內史變誅爲殺蓋誅言其意殺言其事大宰大臣詔王馭羣臣者也當以道揆故言其意內史有司詔王治當守灋而已故言其事誅又訓責而知大宰所謂誅爲殺者以內史見之也誅殺也而以馭其過者廢之則使被廢者不至於得罪殺之則使衆知懼而莫敢爲

過失也大宰八柄之序先慶賞而後刑威於慶賞則先重而後輕於刑威則先輕而後重勸賞畏刑之意也至於內史則慶賞刑威襍而莫知其孰先主於守瀀而不豫其以道揆之意故也

以八統詔王馭萬民一曰親親二曰敬故三曰進賢四曰使能五曰保庸六曰尊貴七曰達吏八曰禮賓

馭羣臣曰柄馭萬民曰統柄言操此而用諸彼（原作言操此而爲彼用訂義引作操此而彼爲用今據義疏校正）統言舉此而彼從焉親親孝也仁也敬故仁也義也是王之行也故一曰親

親二曰敬故進賢使能保庸尊貴達吏禮賓則有政存焉進賢使能然後有庸可保也故三曰進賢四曰使能五曰保庸賢也能也庸也固在所尚然爵亦天下達尊故六曰尊貴尊貴則抑賤抑賤則吏之志能嫌不能達故七曰達吏自達吏以上皆內治也禮賓則所以接外也故八曰禮賓馭以親親則民莫遺其親馭以敬故則民莫慢其故馭以進賢則民知德之不可不務馭以使能則民知能之不可不勉馭以保庸則民知功實之不可害馭以尊貴則民知爵命之

不可陵馭以達吏則民知壅蔽不可爲馭以禮賓則民知交際當以禮夫八統者各致其事不相奪也後世親親也因或進之敬故也因或使之保庸也因或尊之則失是矣

以九職任九民一曰三農生九穀二曰園圃毓草木三曰虞衡作山澤之材四曰藪牧養蕃鳥獸五曰百工飭化八材六曰商賈阜通貨賄七曰嬪婦化治絲枲八曰臣妾聚斂疏材九曰閒民無常職轉移執事

山澤皆虞而曰虞衡作山澤之材者山虞掌山林之

政令則其政令施於山矣川衡掌巡川澤之禁令則其政令施於澤矣虞衡山澤之官而作山澤之材者民職也則此所謂虞衡言其地之人而已嬪有夫者也婦有姑者也舅没姑老則無職矣故所任者嬪婦而已九穀言生草木言毓鳥獸言養蕃者九穀不能自生待三農而後生草木能自生而不能相毓待園圃而後毓鳥獸能相毓而不能自養蕃待藪牧而後養蕃養蕃者養而後蕃之也飭化者飭而後化之也阜通者阜而後通之也化治者化而後治之也聚斂

者聚而後斂之也九穀草木山澤之材人所食用鳥
獸則其肉以備人食其羽毛齒牙骨角筋革以備人
用故一曰三農生九穀二曰園圃毓草木三曰虞衡
作山澤之材四曰藪牧養蕃鳥獸百工因山澤之材
鳥獸之物以就民器者也故五曰百工飭化八材一
人之身而百工之所爲備則宜有商賈以資之故六
曰商賈阜通貨賄任民以男事爲主强力爲先嬪婦
女弱也故七曰嬪婦化治絲枲臣妾則又賤者故八
曰臣妾聚斂疏材閒民則八職所待以成事者也故

九曰閒民無常職轉移執事夫八職之民其事有時而用衆則轉移執事曷可少哉葢有常以爲利無常以爲用者天之道也

以九賦斂財賄一曰邦中之賦二曰四郊之賦三曰邦甸之賦四曰家削之賦五曰邦縣之賦六曰邦都之賦七曰關市之賦八曰山澤之賦九曰幣餘之賦

下以職共謂之貢上以政取謂之賦以九賦斂財賄者才之以爲利謂之財有之以爲利謂之賄謂之財賄則與言貨賄異矣貨言化之以爲利則商賈之事

也邦中王之所邑其外百里謂之四郊與邑交故也又其外百里謂之邦甸甸瀍正在是故也又其外百里謂之家削家邑之地削小地也其外百里謂之邦縣小都之地取首在下所首在上所系在下故也又其外百里謂之邦都大都之地所謂畺地也小都不謂之都而謂之縣大都不謂之畺而謂之都相備也葢言郊甸削縣則都爲畺地可知言都則郊甸削縣爲鄉遂公邑家邑小都亦可知也義疏山澤之賦下引王氏安石曰山澤之民以其物當邦賦當是此節注文在幣餘之前而佚之也幣餘者職幣所謂斂

官府都鄙與凡用邦財者之幣振掌事者之餘財是也餘財邦物而謂之賦者既以給之矣於是振之以歸之邦故亦謂之賦也

以九式均節財用一曰祭祀之式二曰賓客之式三曰喪荒之式四曰羞服之式五曰工事之式六曰幣帛之式七曰芻秣之式八曰匪頒之式九曰好用之式

祭祀賓客喪荒人治之大者也祭祀在所尊賓客在所敬喪荒在所恤故一曰祭祀之式二曰賓客之式三曰喪荒之式人治之大廢而弗治則亡隨其後羞

服器用將使誰共之匪頒好用將以誰予然則羞服
工事幣帛芻秣匪頒好用之式宜在祭祀賓客喪荒
之後矣羞服之用急於工事工事所造急於幣帛幣
帛之用貴於芻秣匪頒好用則用財之餘事而好用
又不急於匪頒故四曰羞服之式五曰工事之式六
曰幣帛之式七曰芻秣之式八曰匪頒之式九曰好
用之式大宰以九式均節財用而小宰執九貢九賦
九式之貳以均財節邦用司會以九式之法均節邦
之財用者邦國萬民有餘則多取而備禮焉不足則

少取而殺禮焉其用財也令邦國萬民以是爲差此所謂均財節用小宰則以貳大宰制財之多少與禮之備殺爲職令邦國萬民以是爲差則弗豫焉此所謂均財節邦用司會則凡在邦國萬民者皆弗豫也

以灋均節邦之財用而已

以九貢致邦國之用一曰祀貢二曰嬪貢三曰器貢四曰幣貢五曰材貢六曰貨貢七曰服貢八曰斿貢九曰物貢

祀貢凡可以共祭祀之物嬪貢凡可以共嬪婦之物

器貢凡可以爲器之物幣貢凡可以爲幣之物材貢凡可以爲材之物貨貢凡可以爲貨之物服貢凡可以爲服之物斿貢凡可以共燕游之物物貢則凡祀嬪器幣材貨服斿之物皆是也大行人侯服貢祀物甸服貢嬪物男服貢器物采服貢服物衞服貢材物要服貢貨物而九貢一曰祀貢二曰嬪貢三曰器貢四曰幣貢五曰材貢六曰貨貢七曰服貢八曰斿貢九曰物貢者施政之序上先而下後內先而外後以詳責近以略責遠上以供祭祀之物使侯服貢之則

上先下後之意內以供嬪婦之物使甸服貢之則內先外後之意器服作治之功多使男服采服貢之則以詳責近之意材貨作治之功少使衛服要服貢之則以略責遠之意先器後服先材後貨則亦以遠近爲差九貢退服在材貨之後者材貨邦用所通服則王身所獨大宰以道佐王者也于此又明王者養天下以道其用材宜後其身之意幣斿物貢則六服所通以幣繼嬪器之後以斿物繼貨服之後則亦各得其所也九賦言斂九貢言致者邦國之財不可斂而

取也致之使其自至而已九賦言財賄九貢言用者財賄以斂言也斂止于王畿則所斂狹矣用以散言也散及于邦國則所散廣矣大宰事王以道斂欲狹散欲廣王之道也至于司會以九賦之灋令田野之財用以九貢之灋致邦國之財用賦貢兼以斂散言則司會事王以灋主會其入出而已取欲狹施欲廣非其任矣

以九兩繫邦國之民一曰牧以地得民二曰長以貴得民三曰師以賢得民四曰儒以道得民五曰宗以族得

民六曰主以利得民七曰吏以治得民八曰友以任得民九曰藪以富得民

牧九州之牧也連率卒正屬長國君皆以地得民而獨言牧者舉尊以見卑也于上舉尊以見卑則與舜典舉上帝以見日月星辰同意藪澤虞之藪也山澤之虞川林之衡皆以富得民而獨言藪則舉小以見大也于下舉小以見大則與舜典言山川以見大示同意長都鄙之長祿而不世不得有其地故曰以貴得民而已師有德行以教人者也儒以道藝教人者

也宗繼祖者其族氏之所宗主有家者其臣隸之所
主主不得專地臣隸有治焉則吏聽之其貴又不足
道也則其得民以利而已吏則凡治民者皆是也友
則學校鄉田相與爲友者也牧長皆君也師儒皆師
也自非君師則內莫尊于宗外莫貴于主吏則治之
而已友則任之而已藪則民利其財而已自牧至藪
皆有所兩則民有所繫屬而不散故多寡死生出入
往來舉可知也夫然後可得而治矣乃後世九兩既
廢人得自恣莫相統壹而不知所以繫之故宣王料

民於大原而仲山甫非之也當是時上欲知民數而不得尚安能得其情而制之乎民既散矣則放辟邪侈無不爲也故曾子謂陽膚曰上失其道民散久矣如得其情則哀矜而勿喜

正月之吉始和布治于邦國都鄙乃縣治象之灋于象魏使萬民觀治象挾日而斂之

正月之吉始和布治于邦國都鄙者歲終令百官府各正其治受其會聽其致事于是調制所當改易至正月之吉則始和矣乃布治于邦國都鄙也元者德

也正者政也德欲終始如一故卽位之一年謂之元年政欲每歲改易故改歲之一月謂之正月正月之吉則朔月也朔月謂之吉則明生之幾故也三代各有正月而周以建子之月爲正夏以建寅之月爲正夏正據人所見故謂之人正授民事則宜據人所見故周亦兼用夏時而以夏之正月爲正歲也始和布治以周之正月而正歲又觀象灋則以兼用夏時故也兼用夏時而以正月之吉使萬民觀治象則正歲先王之正也正月之吉時王之正也萬民取正于時

王而已若夫百官則又當取正于先王也乃縣治象之灋于象魏使萬民觀治象挾日而斂之者以其縣灋示人如天垂象故謂之象治象之灋使民徧行之則宜使民知故縣于象魏使民觀之挾日也正月之吉言縣于象魏而不言徇以木鐸正歲言徇以木鐸而不言縣于象魏相備也葢觀象灋皆縣于象魏而徇以木鐸或言徇以木鐸或言令以木鐸亦相備也葢皆行徇而言令之也或言象之灋或言灋之象者觀則以象爲主用則以灋爲主以灋爲主則曰灋象

以象爲主則曰象灋或言灋象或言象灋則亦相備而已相備而于大宰言萬民則灋以及萬民爲大事故也

乃施典于邦國而建其牧立其監設其參傅其伍陳其殷置其輔乃施則于都鄙而建其長立其兩設其伍陳其殷置其輔乃施灋于官府而建其正立其貳設其攷陳其殷置其輔

乃施典于邦國乃施則于都鄙乃施灋于官府者既以治象示民于是乃以所建六典八灋八則施于邦

國都鄙官府也建六典八灋八則舊矣于此言乃施則于是申之容有所改易故也㕥大宰自歲終詔王廢置至是乃施典則灋矣則王于邦國都鄙官府有廢置焉自牧長及正至于般輔不在所廢則皆王所建立設傅陳置也苟錯諸地謂之置置之成列謂之陳陳有所傅謂之傅設則設之而無所立也立則立之而無建也建則作而立之也牧所謂以地得民者也監所謂三監也不言諸矦則上言牧下言監包諸矦矣參三卿也伍五大夫也般衆士也輔輔治者也

長所謂以貴得民者也兩兩也不謂之貳則于其長有臣道與官屬異故也正官長也謂之正則以其屬所取正故也貳則若小宰之于大宰是也訂義引王氏曰貳者所以副貳於六官而專達其事之次者攷則攷殷輔之治者也

凡治以典待邦國之治以則待都鄙之治以灋待官府之治以官成待萬民之治以禮待賓客之治

我之治彼也以此施焉故彼之治乎我也以此待之

祀五帝則掌百官之誓戒與其具修前期十日帥執事而卜日遂戒及執事眂滌濯及納亨贊王牲事及祀之

曰贊玉幣爵之事祀大神示亦如之享先王亦如之贊玉几玉爵大朝覲會同贊玉幣玉獻玉几玉爵大喪贊贈玉含玉

大神者昊天也夏曰昊天則帝與萬物相見之時故王所祀者昊天而已五帝則五精之君昊天之佐也凡在天者皆神也故昊天爲大神凡在地者皆示也故大地爲大示神之字從示從申則以有所示無所屈故也示之字從二從小（說文示从二三垂日月星也不從小）則以有所示故也效灋之謂坤言有所示也有所示則二而

小矣故天從一從大示從二從小從二從小爲示而從一從大不爲神者神無體也則不可以言大神無數也則不可以言一有所示則二而小而神亦從示者者疑衍神妙萬物而爲言固爲其能大能小不能有所示非所以爲神惟其無所屈是以異于示也大宗伯言祀大神享大鬼祭大示而大宰言祀大神示享先王者大宗伯掌建天神人鬼地示之禮故各正其名序其位而言之大宰非禮官也則其佐王事神示祖考也以道事神示以道故大示不謂之祭事祖考

以道故先王不謂之鬼謂之鬼則正名其爲鬼而弗以神事之矣是禮而已非道也夫先王之王也有聖而不可知者及其死也亦如斯而已故詩曰三后在天王配于京然通于道乃知其爲神制于禮則見其爲鬼而已上言祀五帝而以祀大神示享先王如之者其所佐則王其所職則宰其爲道也適足以紹上帝而已以祀大神示則爲不足以享先王則爲有餘葢能乂王家則足以享先王矣戒所謂散齋也禮記曰七日戒三日宿又曰散齋七日以定之致齋三日

以齊之齊之之謂齋定之之謂戒散齋七日致齋三日凡十日也散齊以下十二字從訂義增大宰大宗伯同帥執事而卜日而大宰獨掌誓者卜宜與衆占誓宜聽于一然戒之日又使大司寇涖誓者犯誓則施刑故也大宗伯止掌建邦之天神人鬼地示之禮故宿眡滌濯涖玉鬯省牲鑊奉玉齍大宰于六官特尊焉故及執事然後眡滌濯及納亨然後贊王牲事及祀之日然後贊玉幣爵之事六官奉牲六官之人奉齍則牲事尊于齍天地不祼祼以求神而已則幣爵之事尊于

鬯大宰掌牲事而不贊盥贊幣爵之事而不贊鬯則亦以特尊故也玉幣玉獻玉几玉爵大朝覲會同之大禮贈玉含玉大喪之大事贈在含後而先言贈則贈事比含尤送終之大者以其禮事之大故亦大宰贊之牲事言贊王其下玉幣爵之事玉几玉幣玉獻言贊而不言王則蒙上言王從可知也贊牲贊玉幣爵言事其下玉几玉爵玉幣玉獻言贊而不言事則蒙上言事可知也大宰言贊玉幣爵之事而小宰言凡賓客贊祼凡受爵之事凡受幣之事則大宰于幣

爵之事無所不贊而小所贊于其受之而已

作大事則戒于百官贊王命王眡治朝則贊聽治眡四方之聽朝亦如之

所作謂之事所遭謂之故故有所因而使然者也眡治朝言王而作大事不言王則作大事者大宰故也蓋命者君所出而事者臣所作故曰坐而論道謂之王公作而行之謂之士大夫餘官言大事未有作者則大事獨大宰作之而已所謂治朝者聽治之朝也巡狩四方則無治朝故曰聽朝而已

凡邦之小治則冢宰聽之待四方之賓客之小治

聽邦之小治稱冢宰則百官總焉故也既曰以禮待賓客之治又曰待四方賓客之小治者賓客之治有詔王者矣八統所謂禮賓是也若其小治則大宰專之言四方則非特邦國而已賓客之小治非特邦國則餘可知矣此亦于下舉小以見大也故曰冢宰統百官均四海

歲終則令百官府各正其治受其會聽其致事而詔王廢置三歲則大計羣吏之治而誅賞之

以八灋治官府與施灋于官府曰官府而已及歲終則曰令百官府各正其治受其會聽其致事者正其治受其會嫌特治官之屬故也正其治者爲將受其會聽其致事以詔王廢置故各使之先自正其治也受其會者受其一歲功事財用之計聽其致事者聽其所致以告于上之事則其吏之行治可知矣于是乎詔王廢置然此非特爲廢置也歲終平在朔易之時亦欲以知所當調制以待正月之吉布施之也誅則非特廢之而已賞則非特置之而已三歲大計羣

吏之治而誅賞之不言詔王則歲終廢置尚以詔王三歲誅賞可知矣大宰以六典佐王治邦國其職之大者也以八灋治官府以八則治都鄙其職之小者也先自治其職然後詔王以其職上則詔王以其職下則任民以其職任民以其職然後民富民富然後財賄可得而斂斂則得民財矣得而不能理則非所以爲義均節財用則所以爲義也治其國有義然後邦國服而其財可致也能致邦國之財然後爲王者之富然後邦國之民可聚聚而無以繫之則散繫而

而無以治之則亂使萬民觀治冡宰施典施則施灋
大祭祀大朝覲會同大喪大事至于待賓客之小治
則皆其所以治也受其會聽其致事大計羣吏之治
而詔王廢置誅賞則其治之所成終始也

周官新義卷一

譚瑩玉生覆校

周官新義卷一　三四

周官新義卷二

宋　王安石　譔

天官二

小宰之職掌建邦之宫刑以治王宫之政令凡宫之糾禁

小宰治王宫之政令而内宰治王内之政令王内后宫也内宰治后宫之政令故小宰獨治王宫之政令至於后宫之糾禁則小宰兼之故曰凡宫之糾禁也

掌邦之六典八灋八則之貳以逆邦國都鄙官府之治

執邦之九貢九賦九式之貳以均財節邦用

操縱之權上之所專故于六典八灋八則之貳則曰掌出納之政下之所守故于九貢九賦九式之貳則曰執執則固矣掌則掌之而已六典八灋八則之書大宰與大史作而立之故大宰曰掌建邦之六典以佐王治邦國以八灋治官府以八則治都鄙大史亦曰掌建邦之六典以逆邦國之治掌灋以逆官府之治掌則以逆都鄙之治夫皆作而立之也乃獨於六典言建則舉大以知小故也司書則正掌其書者也

故司書曰掌邦之六典八灋八則小宰司會則副掌其書者也故小宰司會皆曰掌六典八灋八則之貳以逆邦國都鄙官府之治也義疏引此文作六典八灋八則之書太宰太史司書掌其正小宰司會掌其貳逆者有所治正也有所治正則逆之矣所治在大史則大史之所逆也所治在司會則司會之所逆也所治在小宰則小宰之所逆也非大史司會小宰所逆然後大宰以典灋則待之其言六典八灋八則皆以典爲先八灋次之八則爲後者以應大宰所治之序也其邦國都鄙官府則以邦國爲先

都鄙次之官府爲後者以應大宰所待之序也至其言九貢九賦九式小宰司會所序先後皆與大宰不同則大宰以道佐王揆事使邦國服然後治其貢物故序九貢在九式之後小宰司會則以貢賦之灋受其入以式灋出之而已所以致其貢之序則非所豫也故以九貢爲先九賦次之九式爲後

以官府之六敘正羣吏一曰以敘正其位二曰以敘進其治三曰以敘作其事四曰以敘制其食五曰以敘受其會六曰以敘聽其情

敘敘其倫之先後也以敘正其位者以其人之敘正之以敘進其治者以其位之敘進之謂目有功進使治凡也以敘作其事者以其位治之敘作之以敘制其食者以其治事之敘制之以敘受其會者以其治事與食之敘受之以敘聽其情者自會以上不得其情則皆有訟訟則各以其敘聽之

以官府之六屬舉邦治一曰天官其屬六十掌邦治大事則從其長小事則專達二曰地官其屬六十掌邦教大事則從其長小事則專達三曰春官其屬六十掌邦

禮大事則從其長小事則專達四曰夏官其屬六十掌邦政大事則從其長小事則專達五曰秋官其屬六十掌邦刑大事則從其長小事則專達六曰冬官其屬六十掌邦事大事則從其長小事則專達

天地四時之官各以象類名之其義甚衆非言之所能盡觀乎天地四時則知名官之意矣葢治所不能及然後教教所不能化然後禮禮所不能服然後政政所不能正然後刑刑所不能勝則有事焉刑之而能勝則無事矣事終則有始不可窮也故以邦事終

焉

以官府之六職辨邦治一曰治職以平邦國以均萬民以節財用二曰教職以安邦國以寧萬民以懷賓客三曰禮職以和邦國以諧萬民以事鬼神四曰政職以服邦國以正萬民以聚百物五曰刑職以詰邦國以糾萬民以除盜賊六曰事職以富邦國以養萬民以生萬物

所謂節財用者非特節邦之財用而已邦國不敢專利以過制萬民不敢擅財而自侈然後財用可節也故治職以平邦國以均萬民然後以節財用邦國不

安萬民不寧雖其封域之內散蕩離析而不能守也又安能使賓客懷之故教職以安邦國以寧萬民然後以懷賓客邦國不和則無與事其先王萬民不諧則無與治其禋祀故禮職以和邦國以諧萬民然後以事鬼神聚百物則將求之邦國萬民而已不能服之正之則其財豈有供上之所求故政職以服邦國以正萬民然後以聚百物除盜賊則令糾守比追胥而已邦國不可詰則無以令糾守萬民不可糾則無以比追胥矣故刑職以詰邦國以糾萬民然後以除

盜賊生百物則將任之邦國萬民而已不能富之養之則豈能勝上之所任故事職以富邦國以養萬民然後以生百物六職終於以生百物則事者物之所成終始也

以官府之六聯合邦治一曰祭祀之聯事二曰賓客之聯事三曰喪荒之聯事四曰軍旅之聯事五曰田役之聯事六曰斂弛之聯事凡小事皆有聯

祭祀在所尊賓客在所敬喪荒在所恤三者人治之大也爲人亂之也故有軍旅之事軍旅以用衆也田

則餙衆而已役則任衆而已斂弛之事比田役爲小故一曰祭祀之聯事二曰賓客之聯事三曰喪荒之聯事四曰軍旅之聯事五曰田役之聯事六曰斂弛之聯事

以官府之八成經邦治一曰聽政役以比居二曰聽師田以簡稽三曰聽閭里以版圖四曰聽稱責以傅别五曰聽祿位以禮命六曰聽取予以書契七曰聽賣買以質劑八曰聽出入以要會

聽政役以比居者比謂國比居謂民居聽政役者欲

知其可任與施舍而已故以國比正之以國比正之
而不服則又以民居正之以國比正之則若後世以
五等簿差役也以民居正之則若後世以簿差役不
服則檢覗屋產矣聽師田以簡稽者簡謂閱而選之
稽謂攷而計之簡稽則皆有書焉聽師田者欲知其
車徒之所任財器之所出而已故以簡稽聽之也聽
閭里以版圖者版謂人民之版圖謂土地之圖閭則
六鄉所謂五比爲閭里則六遂所謂五鄰爲里凡聽
閭里者欲知其地域所守人民所屬而已故以版圖

聽之也聽稱責以傅別者傅朝士所謂地傅也責有傅其事者（有字從訂義增）若今責契立保也別朝士所謂判書也判書稱責之要也別謂人執其一人執其一則書其所予之數使責者執之書其所償之數使稱者執之以其償責或不能一而足故也（義疏引償作稱下句云或不能一時而畢收也意同）聽祿位以禮命者禮有數命有等祿位視此制之故也聽取予以書契者書簡牘而已契則取予之要也契謂人執其一予者執左取者執右合而驗之也別也契也皆要也稱責謂之別則其用以別

爲主取予謂之契則其用以契爲主聽賣買以質劑者質人大市則以質小市則以劑質則有質其事者若今市契立見也劑則爲要書而已聽出入以要會者月計謂之要歲計謂之會八成所序後先盖或以事之大小或以治之多寡

以聽官府之六計弊羣吏之治一曰廉善二曰廉能三曰廉敬四曰廉正五曰廉灋六曰廉辨

治汙謂之汙治荒謂之荒治亂謂之亂治擾謂之擾則治弊謂之弊矣所謂弊羣吏之治者治弊之謂也

善其行謂之善善其事謂之能能直內謂之敬能正直謂之正能守灋謂之灋能辨事謂之辨廉者察也聽官府弊吏治察此而已欲善其事必先善其行善行宜以德不宜以僞直內則所以爲德也直而不正非所以成德正然後能守灋守灋則將以行之行之則宜辨事辨事則吏治所成終始也故一曰廉善二曰廉能三曰廉敬四曰廉正五曰廉灋六曰廉辨此人之行能謂之六計者察其吏治而知其所以治者行能如此此總官府弊吏治之數也故謂之六計焉

以灋掌祭祀朝覲會同賓客之戒具軍旅田役喪荒亦如之七事者令百官府共其財用治其施舍聽其治訟

小宰掌戒而不掌誓掌具而不掌修蓋誓聽于一而修則有所加損戒與衆共而具則具之而已又言以灋則亦不豫道揆故也施惠焉謂之施舍政役焉謂之舍理其事謂之治爭其事謂之訟財用出於官府施舍加於人民治訟則或以財用之不共或以施舍之不治故先言共其財用次言治其施舍後言聽其治訟

凡祭祀贊玉幣爵之事祼將之事凡賓客贊祼凡受爵之事凡受幣之事喪荒受其含襚幣玉之事

宗廟之祼求神于陰賓客之祼則若今禮飲賓客祭酒也祼將祼而將瓚也喪荒有幣玉則賻贈賵委之物也

月終則以官府之敘受羣吏之要贊冢宰受歲會歲終則令羣吏致事正歲帥治官之屬而觀治象之灋徇以木鐸曰不用灋者國有常刑乃退以宮刑憲禁于王宮令于百官府曰各修乃職攷乃灋待乃事以聽王命其

有不共則國有大刑

徇以木鐸文事故也文事奮木鐸尚仁故也武事奮金鐸尚義故也有令焉必徇鐸奮之者葢將以禁人則宜使之皆知不使之不知也及犯令而刑之則是罔人而已大司徒令於教官曰各共爾職修乃事以聽王命其有不正則國有常刑小宰令於百官府曰各修乃職攷乃灋待乃事以聽王命其有不共則國有大刑者大司徒令於教官則所謂修乃事者自其教官之職事也小宰以宫刑憲禁令攷乃灋則所以

避禁令也待乃事則其事有待乎王宫之政令焉故也共所以事上正所以臨下在宫則戒以不共在府則戒以不正亦各其所也爲宫刑而令獨曰國有大刑則以宫刑宜嚴于官府今律宫殿中所坐比常瀆有加亦是意也小宰先正羣吏然後可以舉邦治其舉邦治也欲人各職其事故分職以辨之爲其辨之有不能舉也故又聯事以合之有辨有合則官府之治無不舉矣于是聽萬民之治所謂羣吏之治者以聽萬民之治爲主聽萬民之治矣于是弊羣吏之治

焉若夫以灋掌戒具贊幣爵祼將合禨幣玉之事則皆其分職聯事所治也至於受羣吏之要贊冢宰受歲會令羣吏致事則所治終焉觀治象以宮刑憲禁則所謂終則有始也

宰夫之職掌治朝之灋以正王及三公六卿大夫羣吏之位掌其禁令

治以致其事者吏也謂之三公六卿大夫羣吏之位則此羣吏非大夫以上也小宰掌王宮之政令凡宮之糾禁而宰夫掌治朝之灋則所謂政也以正王及

三公六卿大夫羣吏之位掌其禁令不言政及糾者正治朝之位則所謂政也以灋正之則糾在其中矣

敘羣吏之治以待賓客之令諸臣之復萬民之逆

下有事則治乎上上有事則令乎下大宰尊于賓客故大宰以禮待賓客之治賓客尊于羣吏故小宰疑宰字大敘羣吏之治以待賓客之令復有報乎上也逆有譌言乎上也上言而令之下聽而行之所謂順也下有言乎上則逆矣

掌百官府之徵令辨其八職一曰正掌官灋以治要二

曰師掌官成以治凡三曰司掌官灋以治目四曰旅掌官常以治數五曰府掌官契以治藏六曰史掌官書以贊治七曰胥掌官敘以治敘八曰徒掌官令以徵令

掌官府之徵令辨其八職者有官府則有所徵令矣有徵令則有所掌治不可以不辨也正其屬所取正者也師則教其屬者也司則自各司其職事而已旅則眾而有所從焉數一二三四是也合眾數而爲目合眾目而爲凡合眾凡而爲要要則月計凡則旬計目則日計旬計則宰夫所謂旬終正日成是也一三

四之數府史之所掌也而旅治之目則旅之所掌也而司治之凡則司之所掌也而師治之要則師之所掌也而正治之此官府之八職也故治至于要而止若夫會則正之所掌也而王治之矣故大宰受百官府之會而詔王廢置廢置在王則王治之矣王省惟歲亦謂此也凡治官府以灋爲主成則以待萬民之治常則聽官治而已故正掌官灋師掌官成旅掌官常司亦掌官灋者正掌官灋以正其屬司掌官灋則貳焉而已

掌治灋以攷百官府羣都縣鄙之治乘其財用之出入凡失財用物辟名者以官刑詔冢宰而誅之其足用長財善物者賞之

不言以灋而言掌治灋者宰夫所攷雖及百官府羣都縣鄙之治然其事則治官之事其灋則治官之灋而已五官所自攷則弗預也所謂縣者縣師所掌閒田之縣也宰夫所攷及于百官府羣都縣鄙則大宰小宰所謂官府都鄙其爲百官府羣都縣鄙可知矣不言會其財用而曰乘者以一二三四乘之則謂之

乘總會其數則謂之會欲知其總數則宜言會欲知其別數則宜言乘今此欲知其失財用物辟名足用長財故言乘其財用之出入失其所藏之貨賄則謂之失財非所用而用焉則謂之失用所失之物非貨賄也則謂之失物辟名則其出入名不正而已足用者用無不足而已長財則所藏者又有餘焉善物則所作所受又無不善夫物有不可謂之財而財亦有物也言失財用物則失物非財以其既言失財故也言善物則財亦物也以其未嘗言善財故也所誅非

特治官之屬也故曰以官刑詔冢宰而誅之誅以詔冢宰則賞可知矣

以式灋掌祭祀之戒具與其薦羞從大宰而眡滌濯具與薦羞則以式掌之戒與滌濯則以灋掌之

凡禮事贊小宰比官府之具

小宰以灋掌祭祀朝覲會同賓客之戒具軍旅田役喪荒亦如之七事者令百官府共其財用所謂官府之具者此也祭祀則吉禮之事也軍旅田役則軍禮之事也喪荒則凶禮之事也所謂凡禮事者此也

凡朝覲會同賓客以牢禮之灋掌其牢禮委積膳獻飲食賓賜之飧牽與其陳數凡邦之弔事掌其戒令與其幣器財用凡所共者

牛羊豕謂之牢米禾薪芻謂之委積夕食謂之飧牢牲可牽謂之牽牢禮則大行人掌各牢禮之等數是也牢禮之灋則其掌之又有灋焉委積則上公五積之屬是也膳則殷膳大牢之屬是也獻則上介有禽獻之屬是也飲則壺四十之屬是也食則食四十之屬是也飧則飧五牢之屬是也賓之飧牽則有司所

共賜之飧牵則王所好賜陳數則以爵等爲之陳數是也

大喪小喪掌小官之戒令帥執事而治之三公六卿之喪與職喪帥官有司而治之凡諸大夫之喪使其旅帥有司而治之

與職喪帥官有司而治之則帥宰夫職喪之屬官與其府史治之使其旅帥有司而治之則使宰旅帥其府史治之

歲終則令羣吏正歲會月終則令正月要旬終則令正

曰成而以攷其治治不以時舉者以告而誅之
告或以告于上或以告于下故不言所詔而曰以告
而誅之以告而誅之者不待三歲大計而誅之者也
正歲則以灋警戒羣吏令脩宮中之職事書其能者與
其良者而以告于上
宮正稽其功緒糾其德行歲終會其行事然後宰夫
得以攷其會而正歲書其能者良者以告于上良者
書之賢可知矣

周官新義卷二

譚瑩玉生覆校

周官新義卷三

宋　王安石　譔

天官三

宮正掌王宮之戒令糾禁以時比宮中之官府次舍之衆寡爲之版以待夕擊柝而比之國有故則令宿其比亦如之辨外内而時禁稽其功緒糾其德行幾其出入均其稍食去其淫怠與其奇衺之民會其什伍而教之道藝月終則會其稍食歲終則會其行事凡邦之大事令于王宮之官府次舍無去守而聽政令春秋以木鐸

修火禁凡邦之事蹕宮中廟中則執燭大喪則授廬舍
辨其親疏貴賤之居
戒之字從戈從廾兩手奉戈有所戒之意令之字從
人從卩卩守以爲節參合乎上之意糾之字從糸從
丩若糾絲然糾其緩散之意禁之字從林從示示使
知阻以仁芘焉之意然則戒戒其怠忽糾糾其緩散
令使爲之禁使勿爲也小宰掌王宮之政令凡宮之
糾禁而宮正掌王宮之戒令糾禁則王宮之政與后
室之糾禁皆非宮正所豫也以時比其宮中之官府

次舍之衆寡則以知其人名數也次舍其所直舍舍其所居爲之版以待則版其名數以待戒令及也夕擊柝而比之則若今酉點有故則令宿其比亦如之則若今坐甲辨外内而時禁則辨其外内職所當守灋所得至而時其出入啓閉之禁也稽其功緒則防其怠糾其德行則防其衺幾其出入則微察其出入均其稍食則平頒其稍食去其淫怠與其奇衺之民則凡在宮之民尚然其吏士可知矣奇無常也衺不正也奇則畸於人矣是以謂之奇也會其什伍而敎

之道藝則會其人以爲伍合其伍以爲什使之相保然後教之道藝也月終則會其稍食爲小宰受其月要故也歲終則會其行事爲大宰受其歲會故也凡邦之大事令於王宮之官府次舍無去守而聽政令鄭氏謂使居其處待所爲也春秋以木鐸修火禁鄭氏謂火以春出以秋入用天時以戒也春秋修火禁則若今皇城四時戒火矣凡邦之事蹕鄭氏謂事祭事也誤矣凡邦之事則孰非事也何特祭祀而已宮中廟中則執燭鄭氏謂祭社稷五祀於宮中祭先王

先公於廟中則執燭亦誤矣凡在宮廟中皆執燭何特祭社稷五祀先王先公之時凡邦之事蹕則以嚴於禁止爲事宮中廟中執燭則以明於照察爲事大喪則授廬舍辨其親疏貴賤之居則宮中平時以比官府次舍衆寡辨内外爲職故也言偃曰君子學道則愛人小人學道則易使夫惟愛人然後可使之近君夫惟易使然後可責以守衛則教之道藝宮正所急也然教之道藝而不先會其什伍則莫相勸督而務學欲會其什伍而不先去其淫怠奇衺之民則或

致淪胥而敗類欲去其淫怠而不稽其功緒則淫怠與敬孰分欲去奇衺而不糾其德行則奇衺與正孰辨則稽其功緒糾其德行又宮正所先也以稽其功緒糾其德行爲先則不可不致察幾其出入則所以致察也以會其什伍教之道藝爲急則不可不致養均其稍食則所以致養也均其稍食矣然後稍食可會也教之道藝矣然後行事可會也若行事可會矣然後邦有大事可責以聽政令而守也於是無事矣思患預防而已

宮伯掌王宮之士庶子凡在版者掌其政令行其秩敘作其徒役之事授八次八舍之職事若邦有大事作宮衆則令之月終則均秩歲終則均敘以時頒其衣裘掌其誅賞

掌王宮之士庶子凡在版者則士衛士也庶子國子之倅未爲士者也上言士下言庶子則包國子之未爲士者矣掌其政令則士庶子之政令行其秩敘則秩其賞賜敘其事治先後作其徒役之事則有役焉作其徒也授八次八舍之職事則授其王宮四角四

中宿衛之職事也若邦有大事作宮眾則令之則所令非特徒役之事而已月終則均秩秩酒秩膳之類日月有焉故月終均之歲終則均敘勞逸劇易宜以歲時更焉故歲終均之以時頒其衣裘則若今賜春冬衣也掌其誅賞誅賞士庶子疑譌子也士庶子非王族則功臣之世賢者之類王以自近而衛焉故君臣國家休戚一體上下親而內外察也

膳夫掌王之食飲膳羞以養王及后世子凡王之饋食用六穀膳用六牲飲用六清羞用百有二十品珍用八

物醬用百有二十甕王日一舉鼎十有二物皆有俎以樂侑食膳夫授祭品嘗食王乃食卒食以樂徹于造膳夫授祭者授王以所祭之物也食有祭所以仁鬼神君子無終食之閒違仁焉品嘗食者養至尊當愼故也其所防也微矣事君左右就養有方則品嘗食膳夫之事以樂侑食卒食以樂徹于造者無大喪無大荒無大札無天地之烖無邦之大故則王可以樂之時故侑食及徹皆以樂所謂憂以天下樂以天下者也且人之養也心志和而後氣體從之食飲膳羞

以養體也侑徹以樂則所以和其心志而助氣體之養焉造至也致食於是然後進而御王及其卒也徹於所致而置焉是之謂徹于造

王齊日三舉

孔子齊必變食者致養其體氣也王齊日三舉則與變食同意孔子之齊不御于內不聽樂不飲酒不膳葷腥者則弗見也不蠲則弗見也蓋不以哀樂欲惡貳其心又去物之可以昏憒其志意者而致養其氣體焉則所以致精明之至也夫然後可以交神明矣

然此特祭祀之齊尚未及夫心齊也所謂心齊則聖人以神明其德者是也故其哀樂欲惡將僞之弗得倘何物之能累哉雖然知致一於祭祀之齊則其於心齊也亦庶幾焉

大喪則不舉大荒則不舉大札則不舉天地有烖則不舉邦有大故則不舉

大喪大荒喪荒之大者也大喪則不舉大荒則不舉大札則不舉天地有烖則不舉邦有大故則不舉者王以能承順天地和理神人使無災害變故宜饗備

味聽備樂今不能然宜自貶而弗舉矣

王燕食則奉膳贊祭

王舉則授祭而弗贊燕食則授而贊之贊之則以其祭不如舉之盛然非祭朝之餘膳也祭所以致敬也祭而弗敬如弗祭故禮餕餘不祭奉餘膳而祭則非所以致敬也且王舉之饋膳用六牲而𩺰人掌畜以魚鳥共膳則燕食有魚鳥之膳矣

凡王祭祀賓客食則徹王之胙俎

祭餘謂之胙胙俎則祭餘之俎也賓客食則亦必膳

夫授祭及卒食又膳夫徹祭餘之俎則重祭故也於膳言授祭於祭祀賓客言徹胙俎相備也

凡王之稍事設薦脯醢

謂之稍則禮事之略者故膳夫設薦脯醢而已

王燕飲酒則爲獻主

燕飲酒則王於羣臣亦有賓主之道焉故不可以無獻主雖然君臣之義不可以燕廢也故使膳夫爲獻主而已蓋燕飲之禮惟主於以食飲養賓而膳夫以食飲養王之官也使所以養王者養賓焉則王之厚

意也

掌后及世子之膳羞凡肉脩之頒賜皆掌之凡祭祀之致福者受而膳之以摯見者亦如之

祭祀之致福者歸王以其福也以摯見者歸王以其德也歸王以其福則愛之至歸王以其德則敬之至且眾歸王以福而王能享之所以備多福眾歸王以德而王能納之所以成盛德故受而膳之

歲終則會唯王及后世子之膳不會

所謂不會非不會其出不爲多少之計而已王與后

之膳禽飲酒及服皆不會者至尊不可以有司灋數制之世子則惟膳正禮不可以會膳禽則燕食之膳也與其飲酒及服皆會則以防荒侈故也

庖人掌共六畜六獸六禽辨其名物凡其死生鱻薧之物以共王之膳與其薦羞之物及后世子之膳羞

六畜可畜而養者也六獸可狩而獲者也六禽可擒而制者也以共王之膳與其薦羞之物及后世子之膳羞則庖所共后世子者膳羞而已葢薦則自后世子之官屬共之膳夫言掌王之食飲膳羞以養王及

后世子其物備衆而其言薦則曰王之稍事設薦脯醢而已則薦所共設薄矣

共祭祀之好羞共喪紀之庶羞賓客之禽獻

共祭祀之好羞者先王先公及先后夫人平生所好祭祀則特羞之事亡如存之意夫齊則思其所嗜則其祭也可以不羞其好哉雖然求所難致傷財害民以昭其先之好僻則君子亦不爲也孔子爲政於魯先簿正祭器不以四方之食共簿正則先王不可求所難致以傷財害命可知矣共喪紀之庶羞共賓客

之禽獻則仁喪紀賓客故使共王膳羞之官共之也
或言喪事或言喪紀之事喪事喪之在我者也喪紀
之事在彼而我有事焉者也喪在彼我有禮以紀之
故謂之喪紀

凡令禽獻以瀍授之其出入亦如之

掌客所謂乘禽於諸侯各如其命之數聘禮所謂乘
禽於客日如其饔餼之數士中日則二雙與此官所
謂凡用禽獻者瀍也令獻禽則以此瀍授之使知所
獻之物與其數及其出以給用受而入之則亦以瀍

焉其瀷蓋詳矣如上所言則其存而可見者爾

凡用禽獻春行羔豚膳膏香夏行腒鱐膳膏臊秋行犢麛膳膏腥冬行鱻羽膳膏羶歲終則會唯王及后之膳禽不會

春行羔豚夏行腒鱐秋行犢麛冬行鱻羽各以其時物所宜鄭氏以羽爲鴈誤矣謂之羽豈特鴈而已魚謂之鱻則以別於鱐故也膳膏香者膳用牛膏也牛土畜也方春木用事之時則宜助養脾故也膳膏臊者膳用犬膏也犬金畜也方夏火用事之時宜助養

肺故也膳膏腥者膳用雞膏也雞木畜也方秋金用事之時宜助養肝故也膳膏羶者膳用羊膏也羊火畜也方冬水用事之時宜助養心故也

內饔掌王及后世子膳羞之割亨煎和之事辨體名肉物辨百品味之物王舉則陳其鼎俎以牲體實之選百羞醬物珍物以俟饋共后及世子之膳羞辨腥臊羶香之不可食者牛夜鳴則庮羊泠毛而毳羶犬赤股而躁臊鳥皫色而沙鳴貍豕盲眡而交睫腥馬黑脊而般臂螻

內則以貍爲鬱則氣無所泄而其臭惡蓋鳥皫色而沙鳴則其臭如之貍與鬱文雖異其義一也先言辨腥臊羶香之不可食者然後言羊泠毛而毳羶犬赤股而躁臊豕盲視而交睫腥則所謂腥臊羶之不可食者也

凡宗廟之祭祀掌割亨之事凡燕飲食亦如之凡掌共羞脩刑膴胖骨鱐以待共膳

凡掌共羞脩刑膴胖骨鱐以待共膳者此七物有掌之者有共之者有掌而共之者各掌共其物以待內

饔其膳也蓋內饔掌王及后世子之膳則宜選取於
羣有司以備珍膳故也
凡王之好賜肉脩則饔人共之
饔人者內饔之屬人也使內饔共好賜肉脩則王所
好賜親而私之故也
外饔掌外祭祀之割亨共其脯脩刑膴陳其鼎俎實之
牲體魚腊凡賓客之飧饔饗食之事亦如之邦饗耆老
孤子則掌其割亨之事饗士庶子亦如之師役則掌共
其獻賜脯肉之事凡小喪紀陳其鼎俎而實之

耆老孤子葢所謂死政之老與其孤也外饔言饗耆老孤子而以士庶子如之酒正言饗士庶子而後言饗耆老孤子外饔掌饔饔以養之爲主酒正掌酒酒以禮之爲主

亨人掌共鼎鑊以給水火之齊職外內饔之爨亨煮辨膳羞之物祭祀共大羹鉶羹賓客亦如之

荀況曰大饗先大羹貴飲食之本也夫大羹肉湆也不致五味凡所以薦鬼神養賓客則必共之非特共之又貴而先之者古之時禽獸嘗偭人矣聖人敎之

田咼則亦以除患故也未知火化非所以養生修火之利則使之免死而當是時人知食肉而飲其湑其相養亦足矣及至後世恃威役物暴殄生類以窮鼎俎之欲雖聖人復起亦無如之何矣則亦因時之宜爲制貴賤之等使無泰甚而已然則庶具百物備者豈以爲吾心如是而後慊哉其勢有不得已爾故每於爲禮本始以示之使知禮意所尚在此不在彼也甸師掌帥其屬而耕耨王藉以時入之以共齍盛祭祀共蕭茅共野果蓏之薦喪事代王受眚裁王之同姓有

辠則死刑焉帥其徒以薪蒸役外內饔之事
公田謂之藉以其借民力治之故也王所親耕謂之藉則亦借民力終之故也王有王之藉侯有侯之藉故甸師所耕耨謂之王藉四海之內各以其職來祭而王必親耕以共齍盛者以爲祭弗自致焉則猶不祭以此率天下則耕養舉知勸矣祭祀共蕭茅者蕭合脂與黍稷焫之以祭詩所謂取蕭祭脂是也凡鬼享祼鬯求諸陰焫蕭求諸陽索祭祝于祊求諸陰陽之間遊魂爲變無不之無不爲也故求之不可以一

處茅藉以縮酒者藉何所不可而必以茅則其爲體順理直柔而潔白承祭祀之德當如此共野果蓏之薦者爲共非場圃所出故稱野焉薦於王藉共之則盡志而已祭祀則致衆致遠盡物故也喪事代王受眚烖者人曰眚天曰烖受眚則以眚爲在己受烖則服烖而弗拒使甸師代則以方宅喪不可接神而甸師掌共祭薦之物神所依故也王之同姓有辠則死刑焉者刑于隱也刑于隱而必於甸師則亦以甸師共祭薦之物故也共祭薦之物所以事宗廟宗廟之

親而致死刑焉則正灋然後能保天下國家能保天下國家然後宗廟可得而事也然則親而致死刑乃所以事宗廟也

獸人掌罟田獸辨其名物冬獻狼夏獻麋春秋獻獸物時田則守罟及弊田令禽注于虞中

冬獻狼夏獻麋者冬物成之時狼殘物之尤者夏田稼之時麋害稼之衆者春秋書多麋爲是故也各於其尤害物之時罟而獻之明設官主以除民物之害春秋獻獸物者雍氏春令爲阱擭之利於民者則春

獻獸物亦以除害與薙氏爲阱擭同意大司馬秋田羅弊則秋獻獸物自其用罟之時及弊田令禽注于虞中者令田衆以所獲禽置虞旗所植之中野謂之注則衆趨而投焉若水之注也訂義引此文中下無野字投作注

凡祭祀喪紀賓客共其死獸生獸凡獸入于腊人皮毛筋角入于玉府凡田獸者掌其政令

共其生獸爲或用鮮故也獸人皮毛筋角入于玉府而獻人凡獻征亦入于玉府者周之初園囿沛澤多而禽獸至人嘗患其偪矣唯周有以勝之然後中國

之害除而人更賴其所獲以共服食器用然則獸人之官修爲百姓之大者也魚之爲物潛逃微眇難及以政方周盛時乃能使之莘其尾頒其首浮沈小大備得其性則以有灋度加焉而已然則𩺰人之官修養萬物之悉者也以獸人之官修爲百姓之大以𩺰人之官修爲養萬物之悉故使人其物于玉府以爲王者仁民愛物其施如是然後可以兼百姓之奉備萬物之養以足其燕私玩好之欲也然則冥氏穴氏翨氏攻鳥獸之猛而其所獻皮革齒須及羽翮之

類不入于王府者冥氏穴氏翨氏特除其害獸人凡田之政令掌焉則其所修之利衆所除之害悉所賴之獲多王政及人於是爲大矣

𩶬人掌以時𩶬爲梁春獻王鮪辨魚物爲鱻薧以共王膳羞凡祭祀賓客喪紀共其魚之鱻薧凡𩶬者掌其政令凡𩶬征入于玉府

春獻王鮪則以其時物王鮪鮪之大者王大故也故物之大者多謂之王詩序言冬薦魚而此不言者𩶬人以時𩶬爲梁凡祭祀共其鱻薧則冬薦在是矣

鼈人掌取互物以時籍魚鼈龜蜃凡貍物春獻鼈蜃秋獻龜魚祭祀共蠯蠃蚳以授醢人掌凡邦之籍事

鼈及龜魚字乳以夏而蜃以夏秋春獻鼈蜃秋獻龜魚則避其字乳之時獻龜以秋者龜主以卜全而用之故取以其堅成之時魚美於秋冬而冬爲尤美不以冬獻則鼈人所獻以籍得之故先爲梁之時而獻鼈尤美於夏然以避其字乳之時而弗獻唯王不以飲食之養害仁政之瀀度如此然後能卒天下之民以成魚麗之功告神明矣

腊人掌乾肉凡田獸之脯腊膴胖之事凡祭祀共豆脯
薦脯膴胖凡腊物賓客喪紀共其脯腊凡乾肉之事

周官新義卷三

譚瑩玉生覆校

周官新義卷三

周官新義卷四

宋　王安石　譔

天官四

醫師掌醫之政令聚毒藥以共醫事凡邦之有疾病者疕瘍者造焉則使醫分而治之歲終則稽其醫事以制其食十全爲上十失一次之十失二次之十失三次之十失四爲下

毒所謂五毒藥所謂五藥歲終則稽其醫事以制其食者餼廩稱事然後能者勸不能者勉故十全爲上

鄭氏謂全猶愈也人之疾固有不可治者苟知不可治而信則亦全也何必愈

食醫掌和王之六食六飲六膳百羞百醬八珍之齊凡食齊眡春時羹齊眡夏時醬齊眡秋時飲齊眡冬時凡和春多酸夏多苦秋多辛冬多鹹調以滑甘凡會膳食之宜牛宜稌羊宜黍豕宜稷犬宜粱鴈宜麥魚宜苽凡君子之食恒放焉

凡食齊眡春時羹齊眡夏時醬齊眡秋時飲齊眡冬時者所御溫熱涼寒宜如此凡和春多酸夏多苦秋

多辛冬多鹹調以滑甘者春主發散則宜多酸以收之夏主解緩則宜多苦以堅之秋主揫斂則宜多辛以散之冬主堅栗則宜多鹹以耎之滑則所以利之甘則所以緩之緩之利之則所以調之也凡會膳食之宜牛宜稌羊宜黍豕宜稷犬宜粱鴈宜麥魚宜苽者食物各有所宜也物之所宜非獨此而已且有所宜則亦有所畏惡相反當避者矣其物不可勝言也言其所常食焉則可推類而知矣君子之食恒放焉者溫熱涼寒酸苦辛鹹滑甘與膳食之宜凡百君子

所以自養恆放王如此在易之頤君子以節飲食此
之謂節飲食

疾醫掌養萬民之疾病四時皆有癘疾春時有痟首疾
夏時有痒疥疾秋時有瘧寒疾冬時有嗽上氣疾

列子曰指擿無痟癢痟痛也素問曰冬傷於寒春必
病溫夏傷於暑秋必痎瘧病溫則所謂痟首之疾痎
瘧則所謂瘧寒之疾蓋方冬之時陽爲主於內寒雖
入之勢未能動及春陽出而陰爲內主然後寒動而
摶陽爲痟首之疾矣方夏之時陰爲主於內暑雖入

之勢未能動及秋陰出而陽爲內主然後暑動而搏陰爲瘧寒之疾矣痒疥疾則夏陽溢於膚革淸搏而淫之故也嗽上氣疾冬陽溢於藏府淸乘而逆之故也

以五味五穀五藥養其病以五氣五聲五色眡其死生兩之以九竅之變參之以九藏之動

素問曰形不足補之以氣精不足補之以味味養精者也穀養形者也藥則療病者也養精爲本養形次之療病爲末此治之序也望其氣矣則又聽其聲聽

其聲矣則又視其色視其色矣則又兩之以九竅之變參之以九藏之動也九竅有變而後占九藏則診其動於脈兩之也以陰陽參之也以陰陽沖氣醫經所謂胃氣也以氣聲色眡生死不過五以味穀藥養其病亦不過五則物之更王更相更廢更囚更死不過五故也

凡民之有疾病者分而治之死終則各書其所以而入于醫師

醫師言邦之有疾病疾醫言民之有疾病治及民則

餘可知矣或言邦或言民相備而已醫師旣言使醫分而治之疾醫又言分而治之者醫師分疾病疕瘍使各治之而疾醫所治又各有能故也至於瘍醫但言凡有瘍者受其藥焉則腫瘍潰瘍金瘍折瘍同科而已獸醫曰死疾醫曰死終終則盡其道而死所謂君子曰終是也終亦有所以而非醫之罪也亦書其所以焉使知如此在所不治

瘍醫掌腫瘍潰瘍金瘍折瘍之祝藥劀殺之齊凡療瘍以五毒攻之以五氣養之以五藥療之以五味節之凡

藥以酸養骨以辛養筋以鹹養脈以苦養氣以甘養肉以滑養竅凡有瘍者受其藥焉

腫瘍聚而不潰潰瘍潰而不聚金瘍刃割未必折骨折瘍折骨未必刃割腫瘍潰瘍自內作而潰瘍爲重金瘍折瘍自外作而折瘍爲重故先腫瘍後潰瘍先金瘍後折瘍素問曰上古移精變氣祝由而已醫之用祝尚矣而瘍尤宜祝後世有以氣封瘍而徙之者蓋變氣祝由之遺灋也祝之不勝然後舉藥訂義以王氏說爲已說此文舉藥作用藥今按舉或與之誤藥之不勝然後劀劀之不勝

然後殺鄭氏謂殺以藥食其惡肉是也以五毒攻之者攻以殺之以五氣養之者養以生之以五藥療之者療以治之以五味節之者節以成之獨於瘍言以五氣養之者素問曰形不足者温之以氣瘍之治宜以氣瘍之治宜以氣而其以五氣養之反在五毒攻之之後則必先除其惡然後可以養故也凡療瘍者五毒五氣五味亦所以療之也而獨言以五藥療之以藥爲主也疾醫以五味五穀五藥養其病而瘍醫以五藥療之然後以五味節之者疾醫所言者養也

且病以治內爲主故先味而後藥瘍醫所言者療也且瘍以治外爲主故先藥而後味以酸養骨骨者骨欲收以辛養筋筋者筋欲散以鹹養脈脈者脈欲耎以苦養氣氣者氣欲堅以甘養肉肉者肉欲緩以滑養竅竅者竅欲利於瘍醫言骨筋脈氣肉竅則善此六者瘍無所生也及其生而治之也則亦以此養之

獸醫掌療獸病療獸瘍凡療獸病灌而行之以節之以動其氣觀其所發而養之凡療獸瘍灌而劀之以發其惡然後藥之養之食之凡獸之有病者有瘍者使療之

死則計其數以進退之

獸言病而不言疾者孟子曰舜明於庶物察於人倫以爲物之難知不若人之可察也惟其不可察也故病而後可知也病與瘍以一醫治之賤畜故也醫師言稽其醫事以制其食獸醫言死則計其數以進退之制其食則有進退進退之則因亦制其食矣人言死終獸言死則以物之所以死有不可察故也不稽其全失爲上下而計其生死爲進退則亦以是故也

酒正掌酒之政令以式灋授酒材凡爲公酒者亦如之

辨五齊之名一曰泛齊二曰醴齊三曰盎齊四曰緹齊
五曰沈齊辨三酒之物一曰事酒二曰昔酒三曰清酒
辨四飲之物一曰清二曰醫三曰漿四曰酏掌其厚薄
之齊以共王之四飲三酒之饌及后世子之飲與其酒
以式灋授酒材者式其給用之式灋其釀造之灋凡
爲公酒亦如之者鄭氏謂鄉射飲酒以公事作酒者
亦以式灋及酒材授使之自釀之也辨五齊之名三
酒之物者其物之灋其名之義皆無所經見不可得
而知然五齊言辨名三酒言辨物者五齊以祭祭則

致其義名義之所出也三酒以飲飲則致其實物實之所效也共王獨三酒則三酒以飲五齊以祭故也言共王之四飲三酒之饌及后世子之飲與其酒則后世子之飲與酒共之而已弗爲之饌也

凡祭祀以灋共五齊三酒以實八尊大祭三貳中祭再貳小祭壹貳皆有酌數唯齊酒不貳皆有器量

凡祭祀必以灋共五齊三酒以實八尊者凡天地宗廟社稷諸神之祭祀皆共五齊三酒以實尊物各一尊凡八尊而其所實各以其灋也大祭三貳中祭再

貳小祭壹貳皆有酌數者皆非此八尊所實齊酒則皆有貳大祭所酌度用一尊則以三尊副之中祭所酌度用一尊則以兩尊副之小祭所酌度用一尊則以一尊副之而其尊所實又皆有酌數也凡有貳者備之少也大祭所貳尤多則尤致其嚴故也唯齊酒不貳皆有器量者唯所實八尊五齊三酒則無尊以副之而其尊所實亦皆有器量也爲其弗酌也故有器量而無酌數也凡祭祀必設此五齊三酒而弗酌者以神事焉故用五齊以人養焉故用三酒備五齊

三酒而弗酌則所以致事養之義而非以爲味是所謂禮之敬文也敬字疑或衍文共賔客之禮酒共后之致飲于賔客之禮醫酏糟皆使其士奉之凡王之燕飲酒共其計酒正奉之凡饗士庶子饗耆老孤子皆共其酒無酌數掌酒之賜頒皆有灋以行之凡有秩酒者以書契授之酒正之出日入其成月入其要小宰聽之歲終則會唯王及后之飲酒不會以酒式誅賞

建國則王立朝后立市祭祀則王耕以供粢盛后蠶

以爲祭服王獻而后亞祼王親牽射牲后親徹豆籩賓客則亦王祼獻而后亞獻則王致酒后致飲夫婦相成之義也建國以下六十五字從訂義增又王氏志長刪翼引此王獻而作王獻尸后親徹作后薦徹是也王燕飲酒共其計者至尊不可以有司灋數制之故共其計使知其不節則自戒也然則后何以不共其計后王所帥也王知自戒則亦已矣饗士庶子饗耆老孤子皆共其酒無酌數則王施德惠焉取醉之而已掌酒之賜頒皆有灋以行之者名位不同禮亦異數故也凡有秩酒者有常賜之酒也鄭氏

以王制九十日有秩而謂有秩酒者老臣也老臣固宜有秩酒然有秩酒則非特老臣而已以書契授之者授以書使知其所得之數授以契使執之以取酒也酒正之出日入其成月入其要特謹其出異於其餘物𢑴酒之意也特謹以下十四字從訂義增小宰聽之則小宰執九式之貳掌出納之正而正其不如灋者也以酒式誅賞者以式計其贏不足美惡之數而誅賞也

酒人掌爲五齊三酒祭祀則共奉之以役世婦共賓客之禮酒飲酒而奉之凡事共酒而入于酒府凡祭祀共

酒以往賓客之陳酒亦如之

祭祀則共奉之以役世婦者世婦掌女宮之宿戒及祭祀比其具酒人則共其物奉其事以爲世婦役也共賓客之禮酒飲酒而奉之者饗以訓恭儉故爵盈而不飲爲禮而已則禮酒者饗酒也燕以示慈惠故燕謂之飲酒則飲酒者燕酒也凡事共酒而入于酒府者酒正掌辨酒物及厚薄之齊故凡事共酒則入于酒府酒正眂焉而後共之酒人言共賓客之禮酒飲酒而奉之凡事共酒而入于酒府則酒正之所共

者唯禮酒而已矣其飲酒則自酒人之所共酒人之共禮酒則共之入于酒府酒正之共禮酒則眡酒之所入而共之酒正共之而已酒人則又奉之也蓋雖飲酒亦必酒正眡焉而後共之以酒人凡事共酒入于酒府故也祭祀共酒以往則自有奉之者往共其陳而已訂義引此文作往待其令而已義疏同此共其陳字之誤或是下句陳酒注文陳酒掌客職所謂壺四十皆陳是也陳酒以下十四字從義疏增

漿人掌共王之六飲水漿醴涼醫酏入于酒府共賓客之稍禮共夫人致飲于賓客之禮清醴醫酏糟而奉之

凡飲共之

漿人言掌共王之六飲水漿醴涼醫酏入于酒府者漿人所謂醴卽酒正所謂清淸與醴一物也言淸則知所謂醴者淸言醴則知所謂淸者醴必言淸則以醴有淸糟而酒漿所用共王及后世子者淸醴也夫人致飲所謂淸醴者此也漿人不言共后世子者水涼自其官屬共之四飲則酒正共之矣漿人不共水涼則與膳夫不共薦同意水涼無厚薄之齊又非酒正所共而亦入于酒府則以共王亦眂之也共賓客

之稍禮則若庖人繼內饔人繼粟稍給其物也共夫人致飲於賓客之禮清醴醫酏糟而奉之者夫人有致飲於賓客之禮則猶冢宰有好賜予也蓋上下內外小大相成焉禮之所以立也后致飲則醫酏糟而已獻於王也夫人致飲則又有清醴焉卑者不嫌故無厭也其厭也乃其所以爲貴也禮有以少爲貴者此之謂也

凌人掌冰正歲十有二月令斬冰三其凌春始治鑑凡外內饔之膳羞鑑焉凡酒漿之酒醴亦如之祭祀共冰

鑑賓客共冰大喪共夷槃冰夏頒冰掌事秋刷

淩人掌冰正歲十有二月令斬冰三其淩者淩卽冰也斬之而後爲淩三其淩爲度所用備消釋也春始治鑑者鑑所以盛冰也治鑑非第春而已於是乎始也

籩人掌四籩之實朝事之籩其實䵄蕡白黑形鹽膴鮑魚鱐饋食之籩其實棗㮚桃乾䕩榛實加籩之實蔆芡㮚脯蔆芡㮚脯羞籩之實糗餌粉餈凡祭祀共其籩薦羞之實喪事及賓客之事共其薦籩羞籩爲王及后世

子共其內羞凡籩事掌之

醢人掌四豆之實朝事之豆其實韭菹醓醢昌本麋臡菁菹鹿臡茆菹麇臡饋食之豆其實葵菹蠃醢脾析蠯醢蜃蚳醢豚拍魚醢加豆之實芹菹兔醢深蒲醓醢箈菹鴈醢筍菹魚醢羞豆之實酏食糝食凡祭祀共薦羞之豆實賓客喪紀亦如之爲王及后世子共其內羞王舉則共醢六十罋以五齊七醢七菹三臡實之賓客之禮共醢五十罋凡事共醢

朝事之籩豆以象朝事其親所進也饋食之籩豆以

象食時之所進也加籩加豆則以象饋之有加至於羞籩羞豆則以象養之有羞也孝子之事其親欲致其養其養也欲致其盛既盛矣以爲未足則欲備其細細既備矣以爲是養而已弗敬不足以爲孝則又欲致其敬既備且致其敬斯可以已矣乃若孝子之心則又欲致其難且致其美夫致其難且致其美是亦有力者所易也則又欲自致焉服其勤而致新以進之則所以自致也朝事之籩其實麷蕡白黑形鹽膴鮑魚鱐朝事之豆其實韭菹醓醢昌本麋臡菁菹

麃鷞茆菹麇䐑則所以致養之盛也王使周公閱來聘魯饗有昌歜白黑形鹽辭曰國君文足昭也武可畏也則有備物之饗以象其德羞嘉穀鹽虎形鹽虎形則所謂形鹽昌本則所謂昌歜𪎭蕡白黑則所謂嘉穀推公閱之言則凡朝事之籩豆爲致其盛矣饋食之籩其實棗㮚桃乾䕩榛實饋食之豆其實葵菹蠃醢脾析蠯醢蜃蚳醢豚拍魚醢則所以備其細且致其敬也脾析豚拍物之小體蠃蠯蜃蚳及魚則亦皆物之細也此所以爲備其細棗㮚榛實女所用摯

以告虔也此所以爲致其敬桃乾䕩則亦備其細而已加籩之實蔆芡㮚脯加豆之實芹菹兔醢深蒲醓醢箈菹鴈醢筍菹魚醢所以致其難且致其美也棗㮚桃乾䕩榛實及葵則取諸園圃而足蔆芡深蒲芹箈及筍則取之遠矣蠃蠯蜃蚳則可掇也兔鴈魚則不可以掇而取矣此所以爲致其難葵不若芹之美桃乾䕩不若㮚脯之美蠃蠯蜃蚳不若兔鴈魚之美此所以爲致其美蓋醢可以爲盛亦可以爲美故朝事加豆皆以爲實魚可以爲美亦可以爲備㮚可以

爲敬亦可以爲美故饋食加籩皆以爲實也羞籩之實糗餌粉餈羞豆之實酏食糝食其穀出於耕耨而皆用舂治煎和之力爲多而非若菹醢之屬可以久此所以爲服其勤而致新以進之自致之道也凡祭祀共其籩薦羞之實者祭祀各有所共常器籩人共其實而已喪事及賓客之事共其薦籩羞籩則王有喪事及賓客之事也非特共其實而已幷以籩共之也醢人言凡祭祀共薦羞之豆實賓客喪紀亦如之則非以共王喪事及賓客之事乃以共喪紀及賓客

也共薦羞之豆實則共其實而已籩豆相須而成禮
籩人言共喪事及賓客之事則醢人亦如之矣醢人
言共賓客喪紀則籩人亦如之矣喪事及賓客之事
非器共之則籩醢之器正以共王事故也賓客喪紀
則共實而已蓋掌客職喪之屬主其事者自有器也
籩人言共其籩薦羞之實者籩人之官以籩名故也
醢人言共薦羞之豆實者醢人之官不以豆名故也
籩人醢人皆不言共王及后世子之內羞而曰爲王
及后世子共其內羞則此內羞非共王及后世子乃

王及后世子以此內羞共禮事而籩人醢人爲之共之也世婦及祭之日涖陳女宮之具凡內羞之物則內羞所共爲祭祀矣

醢人掌共五齊七菹凡醓物以共祭祀之齊菹凡醓醬之物賓客亦如之王舉則共齊菹醓物六十罋共后及世子之醬齊菹賓客之禮共醓五十罋凡事共醓

醢人所共五齊七醢七菹三臡皆謂之醬故醢人王舉則共六十罋以五齊七醢七菹三臡實之醢人掌共王五齊七菹凡醓物王舉則共齊菹醓物六十罋

而膳夫謂之醬用百有二十甕也醢人醯人各有五齊七菹訂義引此句下云基齊菹有須醬以成者其下引醯物醯醬之物諸解皆刪潤其詞疑齊菹句亦錄其大意非新義本文而醯人謂之齊菹醯物則醯人之齊菹以醯成之以醯成之之物謂之醯物所謂凡醯物是也以醯成之之醬謂之醯醬所謂凡醯醬之物是也所謂共后及世子之醬齊菹則凡醯醬齊菹也

鹽人掌鹽之政令以共百事之鹽祭祀共其苦鹽散鹽賓客共其形鹽散鹽王之膳羞共飴鹽后及世子亦如之凡齊事鬻鹽以待戒令

苦鹽鹽之苦者蓋今顆鹽是也飴鹽鹽之甘者蓋今
戎鹽是也散鹽鹽之散者蓋今末鹽是也散鹽不如
顆鹽之苦又不如戎鹽之甘故不以其味名之而名
其體也言散鹽則知所謂飴鹽苦鹽非散矣賓客形
鹽則備物之饗也備物之饗有鹽虎形以象武之可
畏也鹽可以柔物而從革之所生潤下之所作求其
生作之方則西北也故以爲虎形象天事之武朝事
之籩有形鹽而鹽人不言者賓客共之則祭祀從可
知也祭祀共苦鹽則外盡物故也

冪人掌共巾冪祭祀以疏布巾冪八尊以畫布巾冪六彝凡王巾皆黼

用以冪物通上下而有之者巾也以事言之則主於覆冒以禮言之則主於設飾（以上三十一字據義疏增）八尊酒人凡祭祀以五齊三酒所實設而弗酌是禮之文也六彝司尊彝所用以祼是禮之實也禮之文成之以質故以疏布巾冪八尊禮之質成之以文故以畫布巾冪六彝言疏知畫布之密言畫知疏布之素質宜疏文宜縟故也天事武故白與黑爲黼西北方之色也

巾以覆物宜象天事故王巾皆黼

宫人掌王之六寢之脩爲其井匽除其不蠲去其惡臭共王之沐浴凡寢中之事埽除執燭共鑪炭凡勞事四方之舍事亦如之

王朝有三寢有六陰陽之義也

掌舍掌王之會同之舍設梐枑再重設車宫轅門爲壇壝宫棘門爲帷宫設旌門無宫則共人門凡舍事則掌之

凡此所爲所設所共皆會同之事也先設梐枑再重

然後設車宫轅門所以營衛王也爲壇壝宫棘門則以待合諸侯而命事爲帷宫設旌門則以待王之舍止無宫則共人門謂王不在車宫之中則以師爲營衛而共人以爲門也壇壝宫帷宫棘門則爲之而後成車宫轅門旌門無所爲也設之而已人門則又不設也共之而已故曰設車宫轅門爲壇壝宫棘門爲帷宫設旌門無宫則共人門也轅門仰轅以爲門壇壝宫爲壇於中而壝其外也人門若今衛士之有行門

幕人掌帷幕幄帟綬之事凡朝覲會同軍旅田役祭祀共其帷幕幄帟綬大喪共帷幕帟綬三公及卿大夫之喪共其帟

幕人掌帷幕幄帟綬之事鄭氏以爲王出宮則有是事以掌次考之則王出宮有掌次掌其灋以待張事幕人共張物而已所謂凡朝覲會同軍旅田役祭祀共其帷幕幄帟綬之事則正謂王在宮非出次之時謂之掌事則非特掌其物矣大喪共帷幕帟綬而不共幄則王方宅喪無所事幄以帷幕帟綬共張喪匶

而已

掌次掌王次之灋以待張事王大旅上帝則張氈案設皇邸朝日事五帝則張大次小次設重帟重案合諸侯亦如之師田則張幕設重帟重案諸侯朝覲會同則張大次小次師田則張幕設案孤卿有邦事則張幕設案凡喪王則張帟三重諸侯再重孤卿大夫不重凡祭祀張其旅幕張尸次射則張耦次掌凡邦之張事

王大旅上帝則張氈案設皇邸者案蓋所據之案邸蓋所宿之邸今朝宿所次謂之邸朝宿所次謂之邸

則邸宿所次也蓋大旅帝則掌舍爲帷宮而掌次設宿次於宮中宿次之中則又張氈案謂之皇邸則或繪或畫或染羽以象焉而其詳莫可得而知也師田張幕而不張次則與衆皆作故也掌凡邦之張事則在宮張事自幕入掌之掌次所掌凡在邦而已

周官新義卷四

譚瑩玉生覆校

周官新義卷五

宋　王安石　譔

天官五

大府掌九貢九賦九功之貳以受其貨賄之入頒其貨于受藏之府頒其賄于受用之府

九功九職之功也在大宰曰九職則以任萬民故也在大府內府司會曰九功則大府內府以受貨賄司會以合財用也頒其貨于受藏之府則將以化之也故使受藏之府藏之頒其賄于受用之府則將以用

之也故使受用之府有之化之之謂貨有之之謂賄受藏之府則若職內掌邦之賦入者是也受用之府則若職歲掌邦之賦出者是也

凡官府都鄙之吏及職事者受財用焉凡頒財以式灋授之

頒財以式灋授之者以式授之使知所用以灋授之使知所治

關市之賦以待王之膳服邦中之賦以待賓客四郊之賦以待稍秣家削之賦以待匪頒邦甸之賦以待工事

邦縣之賦以待幣帛邦都之賦以待祭祀山澤之賦以待喪紀幣餘之賦以待賜予凡邦國之貢以待弔用凡萬民之貢以充府庫凡式貢之餘財以共玩好之用凡邦之賦用取具焉歲終則以貨賄之入出會之

角人羽人掌葛皆徵財物于農以當賦之政令則九賦宜皆聽民各以其物當賦而所以待邦用宜各因其物之所多以便出賦之入關市邦中商旅所會共王膳服及賓客所須者百物珍異于是乎在故關市之賦以待王之膳服邦中之賦以待賓客關市邦中

皆商旅所會而獨以關市待王之膳服則凶荒札喪關市無征而王於是時亦不舉而素服所賦所待宜各從其類故也喪紀所用葦蒲蜃物茶葛木材之屬出于山澤爲多故山澤之賦以待喪紀四郊于國爲近近者可使輸重故四郊之賦以待稍秣邦縣于國爲遠遠者可使輸輕故邦縣之賦以待幣帛稍秣幣帛夫家而有之故便其遠近而已邦都則其地尤遠而公卿王子弟所食也王于祭祀欲致遠物且獲親貴之助焉故邦都之賦以待祭祀家削邦甸比四郊

爲遠比縣都爲近匪頒工事則襍出遠近之物故家削之賦以待匪頒邦甸之賦以待工事賜予則用財之餘事故幣餘之賦以待賜予凡邦國之貢以待弔用者哀邦國之禍裁宜以共所貢焉凡萬民之貢以充府庫者王以治民爲施民以養王爲報則充府庫宜以萬民之貢也凡式貢之餘財以共玩好之用者惟玩好之用宜以餘財而已然待弔用以邦國之貢而邦國之貢非特以待弔用充府庫以萬民之貢而萬民之貢非特以充府庫共玩好之用以式貢之餘

財而式貢之餘財非特以共玩好之用蓋大府之藏
凡邦之賦用取具焉則九賦之所待亦猶是也于玩
好之用言共者式貢之餘財以待邦之衆故非以待
玩好之用有玩好之用則于是共之而已大府所待
先後與九式所序不同則大府掌財用之官知以其
職嚴事王而已故以待王之膳服爲先其餘則襍而
無序與内史八柄莫知先後同意九式所謂羞服凡
羞服皆在是矣大府所謂膳服則唯王之膳服又其
所膳則六牲而已羞不與焉九式所謂芻秣則非稍

也大府所謂稍秣則有稍而無匪頒式所用則委人所斂是也

玉府掌王之金玉玩好兵器凡良貨賄之藏共王之服玉佩玉珠玉王齊則共食玉大喪共含玉復衣裳角枕角柶

攷工記玉人之事大圭長三尺天子服之服玉則大圭之屬是也佩玉則珩璜琚瑀之屬是也珠玉則珠也玉也凡以共王之用者食玉則其食之蓋有瀝矣北齊李預嘗得食瀝采而食之及其死也形不壞而

無穢氣則食玉之所養可知矣

掌王之燕衣服衽席牀笫凡褻器若合諸侯則共珠槃玉敦

盟必割牛耳取血相與歃之牛耳以示順聽血則告幽之物示信之由中也珠槃玉敦蓋歃血之器也珠陰精之所化玉陽精之所生以陰陽之精物爲器又使掌王生服死含之物者共焉則示諸侯以信之至也

凡王之獻金玉兵器文織良貨賄之物受而藏之凡王

之好賜共其貨賄

玉府旣言凡王之好賜共其貨賄内府又言凡王及冢宰好賜予則共之者凡王以玉府所受好賜則玉府共之凡王以内府所受好賜則内府共之

内府掌受九貢九賦九功之貨賄良兵良器以待邦之大用凡四方之幣獻之金玉齒革兵器凡良貨賄入焉凡適四方使者共其所受之物而奉之凡王及冢宰之好賜予則共之

外府待邦之用則經用而已内府待邦之大用則大

故大事所用也凡王及冢宰之好賜予則共之者冢宰所予有不可以言賜者故謂之好賜予

外府掌邦布之入出以共百物而待邦之用凡有灋者共王及后世子之衣服之用凡祭祀賓客喪紀會同軍旅共其財用之幣齎賜予之財用凡邦之小用皆受焉歲終則會唯王及后之服不會

使外府共王及后世子衣服之用者外府所待邦用皆有灋欲王及后世子非灋弗服故也詩序曰古者長民衣服不貳從容有常以齊其民則民德歸一矣

其詩所言主於都人士女衣服之一而已然則王及后世子衣服豈可以非灋也凡祭祀賓客喪紀會同軍旅共其財用之幣齎賜予之財用疑之財用三字爲衍幣則共以爲禮幣齎則共以爲行齎

司會掌邦之六典八灋八則之貳以逆邦國都鄙官府之治以九貢之灋致邦國之財用以九賦之灋令田野之財用以九功之灋令民職之財用以九式之灋均節邦之財用掌國之官府郊野縣都之百物財用凡在書契版圖者之貳以逆羣吏之治而聽其會計以參互攷

日成以月要攷月成以歲會攷歲成以周知四國之治
以詔王及冢宰廢置

以三攷之爲參以兩攷之爲互逆邦國都鄙羣吏之治而聽其會計又攷其歲月日成則四國之治皆可知也然後以所知詔王及冢宰廢置

司書掌邦之六典八灋八則九職九正九事邦中之版土地之圖以周知入出百物以敘其財受其幣使入于職幣凡上之用財用必攷于司會

九正九職之正也九事九職之事也正也事也與酒

誥有正有事同義司書掌九職則以大計羣吏之治以知民財器械田野夫家六畜之數故也掌九正九事則以凡稅斂者受灋焉凡邦治攷焉故也敘其財則敘掌事者之財以知其所餘受其幣則受官府都鄙凡用邦財者之幣使入于職幣則所餘及幣皆使入于職幣也

三歲則大計羣吏之治以知民之財器械之數以知田野夫家六畜之數以知山林川澤之數以逆羣吏之徵令

所謂大計羣吏之治則計其所治民財器械之數孰備孰乏之田野夫家六畜山林川澤之數孰治孰廢孰登孰耗而已故大計羣吏之治則以知民之財器械之數以知田野夫家六畜之數以知山林川澤之數凡在民者皆知其數然後知羣吏徵令有當否知其有當否然後可得而治正也

凡稅斂掌事者受灋焉及事成則入要貳焉凡邦治攷焉

要貳者物數之要要書之貳也

職内掌邦之賦入辨其財用之物而執其總以貳官府都鄙之財入之數以逆邦國之賦用凡受財者受其貳令而書之及會以逆職歲與官府財用之出而敘其財以待邦之移用

執其總者執邦賦入之總數受其貳令而書之者受其副寫之令而籍之

職歲掌邦之賦出以貳官府都鄙之財出賜之數以待會計而攷之凡官府都鄙羣吏之出財用受式灋于職歲凡上之賜予以敘與職幣授之及會以式灋贊逆會

以斂與職幣授之則禮記所謂上先下後也

職幣掌式灋以斂官府都鄙與凡用邦財者之幣振掌事者之餘財皆辨其物而奠其録以書楬之以詔上之小用賜予歲終則會其出凡邦之會事以式灋贊之

以式灋斂官府都鄙與凡用邦財者之幣者以式灋斂官府都鄙與凡用邦財以爲禮者所受之幣也

司裘掌爲大裘以共王祀天之服中秋獻良裘王乃行羽物季秋獻功裘以待頒賜

致人功焉故謂之功裘良裘則非特致人功而已又

其質良也大裘則非特質良而已又以簡大取名焉

王大射則共虎侯熊侯豹侯設其鵠諸侯則共熊侯豹侯卿大夫則共麋侯皆設其鵠

王大射則共虎侯熊侯諸侯則共熊侯豹侯者王及諸侯以正物爲事正物則以服猛毅爲先獨王共虎侯則虎尤猛故也卿大夫共麋侯者卿大夫以養人爲事養人則以除患害爲先故也訂義引作不能除患不足以養人

凡射以服禽獸服禽獸然後得其皮以爲裘故司裘共侯也設其鵠者鵠棲侯中以爲的者也鵠之爲物

遠舉而難中射以及遠中難爲善故的謂之鵠也
大喪廞裘飾皮車凡邦之皮事掌之歲終則會唯王之
裘與其皮事不會
掌皮則斂皮者也故會其財齎而已司裘則用皮者
也故歲則會其皮
掌皮掌秋斂皮冬斂革春獻之遂以式灋頒皮革于百
工共其毳毛爲氈以待邦事歲終則會其財齎
齎行費也斂之則用財齎之則有行費矣
內宰掌書版圖之灋以治王內之政令均其稍食分其

人民以居之以陰禮教六宮以陰禮教九嬪以婦職之灋教九御使各有屬以作二事正其服禁其奇衺展其功緒

婦職之灋所以事王及后共祭祀賓客之職灋女御八十一人每九人則屬一嬪故謂之九御（婦職以下從訂義增）使各有屬使屬於九嬪

大祭祀后祼獻則贊瑤爵亦如之正后之服位而詔其禮樂之儀

告以出入進止之節使與禮樂相應（此注元闕據訂義增）

贊九嬪之禮事凡賓客之祼獻瑤爵皆贊

不言后以上文祼獻瑤爵言后從可知也

致后之賓客之禮凡喪事佐后使治外內命婦正其服位

凡建國佐后立市設其次置其敘正其肆陳其貨賄出其度量淳制祭之以陰禮

次其官之次則司市所謂思次介次是也敘其地之敘司市所謂各於其地之敘是也肆謂陳物之肆肆長所謂各掌其肆之政令是也市陰也陰以作成效

灋爲事祭之禮以象其事焉訂義引此文作祭之宜象其事焉

中春詔后帥外內命婦始蠶于北郊以爲祭服歲終則會內人之稍食稽其功事佐后而受獻功者比其小大與其麤良而賞罰之會內宮之財用

內人王內之人既均其稍食歲終則會之既展其功緒歲終則稽之小大比其制麤良比其功制中度功中程而又善則在所賞制不中度功不中程而又惡則在所罰會內宮之財用爲大宰歲終受其會故也

正歲均其稍食施其功事憲禁令于王之北宮而糾其

守

稍食歲終旣會之矣正歲又均焉功事歲終旣稽之矣正歲又施焉此注元闕據義疏增

上春詔王后帥六宮之人而生穜稑之種而獻之于王

內小臣掌王后之命正其服位后出入則前驅若有祭祀賓客喪紀則擯詔后之禮事相九嬪之禮事正內人之禮事徹后之俎后有好事于四方則使往有好令于卿大夫則亦如之掌王之陰事陰令

閽人掌守王宮之中門之禁喪服凶器不入宮潛服賊

器不入宮奇服怪民不入宮
孔子見齊衰者雖少必作過之必趨葢內有感惻則
外爲之變動喪服凶器不入宮恐震動至尊潛服賊
器不入宮則嚴禁衞奇服怪民不入宮則王宜非禮
弗視非義不聽
凡內人公器賓客無帥則幾其出入
幾微察之也注元闕據訂義增
以時啓閉凡外內命夫命婦出入則爲之闢掌埽門庭
大祭祀喪紀之事設門燎蹕宮門廟門凡賓客亦如之

宮正凡邦之事蹕明所禁止者廣閽人蹕宮門廟門明所禁止者門而已宮正宮中廟中則執燭明所照察者内閽人設門燎明所照察者門而已此注據訂義增

寺人掌王之内人及女宮之戒令相道其出入之事而糾之若有喪紀賓客祭祀之事則帥女宮而致於有司佐世婦治禮事掌内人之禁令凡内人弔臨于外則帥而往立于其前而詔相之

内竪掌内外之通令凡小事若有祭祀賓客喪紀之事則爲内人蹕王后之喪遷于宮中則前蹕及葬執褻器

以從遣車

九嬪掌婦學之灋以教九御婦德婦言婦容婦功各帥其屬而以時御敘于王所凡祭祀贊王齍贊后薦徹豆籩若有賓客則從后大喪帥敘哭者亦如之

大喪外宗敘內外朝暮哭者九嬪亦從后帥之訓義引鄭氏鍔曰故書以玉齍爲王齍王安石用其說乃謂下言贊后則上言贊王言之序也案今本經文正作贊王而佚其注

世婦掌祭祀賓客喪紀之事帥女宮而濯摡爲齍盛及祭之日涖陳女宮之具凡內羞之物

籩人醢人共內羞世婦涖陳之此注據訂義增

掌弔臨于卿大夫之喪

世婦親大夫故使弔臨于卿大夫之喪

女御掌御敘于王之燕寢以歲時獻功事凡祭祀贊世婦大喪掌沐浴后之喪持翣從世婦而弔于卿大夫之喪

后之喪持翣者女御以蔽飾后爲事故也

女祝掌王后之內祭祀凡內禱祠之事掌以時招梗禬禳之事以除疾殃

招以招祥梗以梗災禬以禬福禳以禳禍禬以禬福而以神祀者致天神人鬼地示物鬽以禬國之凶荒民之札喪則弭凶荒札喪所以會福也

女史掌王后之禮職掌內治之貳以詔后治內政逆內宮書內令凡后之事以禮從

掌內治之貳者貳內宰之所掌也逆內宮者治后正宮也以禮從者以禮籍從焉詔后故也

典婦功掌婦式之灋以授嬪婦及內人女功之事齎凡授嬪婦功及秋獻功辨其苦良比其小大而賈之物書

而楬之以共王及后之用頒之于內府

典絲掌絲入而辨其物以其賈楬之掌其藏與其出以待興功之時頒絲于外內工皆以物授之凡上之賜予亦如之及獻功則受良功而藏之辨其物而書其數以待有司之政令上之賜予凡祭祀共黼畫組就之物喪紀共其絲纊組文之物凡飾邦器者受文織絲組焉歲終則各以其物會之

典絲受良功而不受苦功典枲受苦功而不受良功則絲功之苦與麻功之良皆典婦功所受也典婦功

不受麻之苦功則典婦功共王及后之用者也麻之
苦功主共喪服而已其不受絲之良功則所以共王
及后之用者特燕私所給非禮服褻物之正也禮服
褻物之正則具於有司之政令典絲之所藏而待者
也且典絲所共則祭祀黼畫組就喪紀組文之物是
乃王所以致美於黻冕致孝於鬼神者也其受良功
不亦宜乎以其賈揭之頒絲於外內工皆以物授之
者防其以賤貿貴凡上之賜予亦如之者所賜予貴
賤不同授之亦皆以其物也玉府言王之好賜內府

言王及冢宰之好賜予今此言上之賜予則又非獨王及冢宰而已

典枲掌布緦縷紵之麻草之物以待時頒功而授齎及獻功受苦功以其賈楬而藏之以待時頒頒衣服授之賜予亦如之歲終則各以其物會之

齎故書爲資當從故書以資爲正以待時頒功則亦以待興功之時頒之於工頒衣服授之則亦以其物授之賜予亦如之則亦上之賜予其不言則以典絲見之也訂義引此文作頒衣服賜予皆以物典絲典授之言賜予而不言上以典絲見之

枲歲終各以物會之亦防其以賤貿貴也

內司服掌王后之六服褘衣揄狄闕狄鞠衣展衣緣衣素沙辨外內命婦之服鞠衣展衣緣衣素沙凡祭祀賓客共后之衣服及九嬪世婦凡命婦共其衣服共喪衰亦如之后之喪共其衣服凡內具之物

褘衣繢翬狄於衣揄狄繢揄狄於衣翬狄則爾雅所謂素質五色皆備成章者也揄狄則爾雅所謂青質五色皆備成章者也素質義也青質仁也五色皆備成章禮也地道尚義故后服褘衣爲上揄狄次之言

褘衣則以知揄之爲衣言揄狄則以知褘之爲狄闕狄或謂之屈狄其名物不可知知其屈於褘揄而已鞠衣則其色象鞠鞠之華以陰中其色則陰之盛色后蠶服鞠衣則帥外内命婦而蠶使天下之嬪婦取中焉后之盛事也展衣則以禮見王及賓客之服純白而已無所用其采色有誠信之道焉故謂之展也緣衣則燕居及御于王之服葢衣正黑而緣以纁士昏禮所謂純衣纁袡是也純卽緣也謂之緣則取於純而以循緣爲義黑至陰之正色而纁有上達之意

婦人以至正爲體其上達則循緣而已六服皆以素
沙爲裏則婦之德一欲其內之純白故也
縫人掌王宮之縫線之事以役女御以縫王及后之衣
服喪縫棺飾焉衣翣柳之材掌凡內之縫事
喪縫棺飾焉衣翣柳之材者王及后之喪也蒙上言
王及后從可知也縫人役女御焉縫棺飾衣翣柳之
材則女御當以婦事蔽飾王及后故也
染人掌染絲帛凡染春暴練夏纁玄秋染夏冬獻功掌
凡染事

夏五色也四時之夏以其文明故與中國同謂之夏
則五色謂之夏亦以是故也

追師掌王后之首服爲副編次追衡笄爲九嬪及外內
命婦之首服以待祭祀賓客喪紀共笄經亦如之

禮記夫人副褘則副配褘衣首飾之上昏禮女次純
衣則次配緣衣首飾之下副次所配如此則編之所
配在中矣衡也笄也蓋皆以玉爲之故謂之追

屨人掌王及后之服屨爲赤舃黑舃赤繶黃繶青句素
屨葛屨辨外內命夫命婦之命屨功屨散屨凡四時之

祭祀以宜服之

服屨者服各有屨也司服言弁則曰弁服弁在服上故也屨人言屨則曰服屨屨在服下故也謂之功屨則與功裘同義謂之散屨則喪屨無絇故也

夏采掌大喪以冕服復于大祖以乘車建綏復于四郊

謂之夏采者其復以冕服備采色焉且喪則哀素幸其生故以采色名官死者人之窮也窮則宜反本故復之于大祖反本則無不之也故復之于四郊夏采掌大喪之復而已而特置一官則其兼掌明矣兼掌

則不爲冗特置則專其事專其事則所使復宜致一故也

周官新義卷五

譚瑩玉生覆校

周官新義卷六

宋 王安石 譔

地官一

惟王建國辨方正位體國經野設官分職以爲民極乃立地官司徒使率其屬而掌邦教以佐王安擾邦國教官之屬大司徒卿一人小司徒中大夫二人鄉師下大夫四人上士八人中士十有六人旅下士卅有二人府六人史十有二人胥十有二人徒百有廿人

鄉老二鄉則公一人鄉大夫每鄉卿一人州長每州中

大夫一人黨正每黨下大夫一人族師每族上士一人
閭胥每閭中士一人比長五家下士一人
鄉老公也尊之於鄉憲其言行不累以事故稱老鄉
老於司徒之官非屬而無職此條元闕從訂義增
封人中士四人下士八人府二人史四人胥六人徒六
十人
鼓人中士六人府二人史二人徒廿人
舞師下士二人胥四人舞徒四十人
牧人下士六人府一人史二人徒六十人

牛人中士二人下士四人府二人史四人胥廿人徒二百人

充人下士二人史二人胥四人徒四十人

載師上士二人中士四人府二人史四人胥六人徒六十人

閭師中士二人史二人徒廿人

縣師上士二人中士四人府二人史四人胥八人徒八十人

遺人中士二人下士四人府二人史四人胥四人徒四

十人

均人中士二人下士四人府二人史四人胥四人徒四十人

師氏中大夫一人上士二人府二人史二人胥十有二人徒百有廿人

保氏下大夫一人中士二人府二人史二人胥六人徒六十人

司諫中士二人史二人徒廿人

司救中士二人史二人徒廿人

調人下士二人史二人徒十人

媒氏下士二人史二人徒十人

司市下大夫二人上士四人中士八人下士十有六人

府四人史八人胥十有二人徒百有廿人

質人中士二人下士四人府二人史四人胥二人徒廿

人

廛人中士二人下士四人府二人史四人胥二人徒廿

人

胥師廿肆則一人皆二史賈師廿肆則一人皆二史

司虣十肆則一人司稽五肆則一人胥二肆則一人肆
長每肆則一人
泉府上士四人中士八人下士十有六人府四人史八
人賈八人徒八十人
司門下大夫二人上士四人中士八人下士十有六人
府二人史四人胥四人徒四十人每門下士二人府一
人史二人徒四人
司關上士二人中士四人府二人史四人胥八人徒八
十人每關下士二人府一人史二人徒四人

掌節上士二人中士四人府二人史四人胥二人徒廿
人
遂人中大夫二人遂師下大夫四人上士八人中士十
有六人旅下士卅有二人府四人史十有二人胥十有
二人徒百有廿人
遂大夫每遂中大夫一人縣正每縣下大夫一人鄙師
每鄙上士一人酇長每酇中士一人里宰每里下士一
人鄰長五家則一人
旅師中士四人下士八人府二人史四人胥八人徒八

十人

稍人下士四人史二人徒十有二人

委人中士二人下士四人府二人史四人徒四十人

土均上士二人中士四人下士八人府二人史四人胥

四人徒四十人

草人下士四人史二人徒十有二人

稻人上士二人中士四人下士八人府二人史四人胥

十人徒百人

土訓中士二人下士四人史二人徒八人

誦訓中士二人下士四人史二人徒八人

山虞每大山中士四人下士八人府二人史四人胥八人徒八十人中山下士六人史二人胥六人徒六十人小山下士二人史一人徒廿人

林衡每大林麓下士十有二人史四人胥十有二人徒百有廿人中林麓如中山之虞小林麓如小山之虞

川衡每大川下士十有二人史四人胥十有二人徒百有廿人中川下士六人史二人胥六人徒六十人小川下士二人史一人徒廿人

澤虞每大澤大藪中士四人下士八人府二人史四人胥八人徒八十人中澤中藪如中川之衡小澤小藪如小川之衡

迹人中士四人下士八人史二人徒四十人

丱人中士二人下士四人府二人史二人胥四人徒四十人

角人下士二人府一人徒八人

羽人下士二人府一人徒八人

掌葛下士二人府一人史一人胥二人徒廿人

掌染草下士二人府一人史二人徒八人
掌炭下士二人史二人徒廿人
掌荼下士二人府一人史一人徒廿人
掌蜃下士二人府一人史一人徒八人
囿人中士四人下士八人府二人胥八人徒八十人
場人每場下士二人府一人史一人徒廿人
廩人下大夫二人上士四人中士八人下士十有六人
府八人史十有六人胥卅人徒三百人
舍人上士二人中士四人府二人史四人胥四人徒四

十八
倉人中士四人下士八人府二人史四人胥四人徒四
十人
司祿中士四人下士八人府二人史四人徒四十人
司稼下士八人史四人徒四十人
舂人奄二人女舂抌二人奚五人
饎人奄二人女饎八人奚四十人
槀人奄八人女槀每奄二人奚五人
大司徒之職掌建邦之土地之圖與其人民之數以佐

王安擾邦國

卽天下土地之圖大司徒合而圖之（以上十四字從訂義增）掌（訂義作建）土地之圖則土會土宜土均之灋可施王國之地中可求邦國之地域可制掌（訂義作建）人民之數則地守地職地貢之事可令萬民之卒伍可會都鄙之室數可制夫然後可以佐王安擾邦國

以天下土地之圖周知九州之地域廣輪之數辨其山林川澤丘陵墳衍原隰之名物而辨其邦國都鄙之數制其畿疆而溝封之設其社稷之壝而樹之田主各以

其野之所宜木遂以名其社與其野

各以其野所宜木則新甿欲有所植不謀而知其土壤所宜公上欲有所斂不視而見其木所出

以土會之灋辨五地之物生一曰山林其動物宜毛物其植物宜皁物其民毛而方二曰川澤其動物宜鱗物其植物宜膏物其民黑而津三曰丘陵其動物宜羽物其植物宜覈物其民專而長四曰墳衍其動物宜介物其植物宜莢物其民晳而瘠五曰原隰其動物宜臝物其植物宜叢物其民豐肉而庳

鄭氏以虎豹之屬爲贏物正所謂毛物贏物宜謂畫

蟥之屬然鄭氏所說出於考工不知考工所記何據

而然

因此五物者民之常而施十有二教焉一曰以祀禮教

敬則民不苟二曰以陽禮教讓則民不爭三曰以陰禮

教親則民不怨四曰以樂禮教和則民不乖五曰以儀

辨等則民不越六曰以俗教安則民不愉七曰以刑教

中則民不虣八曰以誓教恤則民不怠九曰以度教節

則民知足十曰以世事教能則民不失職十有一曰以

賢制爵則民慎德十有二曰以庸制祿則民興功

以土宜之灋辨十有二土之名物以相民宅而知其利害以阜人民以蕃鳥獸以毓草木以任土事

名所以命其土則丘陵墳衍原隰之屬物所以色其土則青黎赤埴黑墳之屬物所以下從訂義增

辨十有二壤之物而知其種以教稼穡樹藝以土均之灋辨五物九等制天下之地征以作民職以令地貢以斂財賦以均齊天下之政

民職地貢財賦則有政矣然遠近多寡之不均先後

緩急之不齊非政之善於是乎以均齊天下之政
以土圭之灋測土深正日景以求地中日南則景短多
暑日北則景長多寒日東則景夕多風日西則景朝多
陰日至之景尺有五寸謂之地中天地之所合也四時
之所交也風雨之所會也陰陽之所和也然則百物阜
安乃建王國焉制其畿方千里而封樹之凡建邦國以
土圭土其地而制其域諸公之地封疆方五百里其食
者半諸侯之地封疆方四百里其食者參之一諸伯之
地封疆方三百里其食者參之一諸子之地封疆方二

百里其食者四之一諸男之地封疆方百里其食者四之一凡造都鄙制其地域而封溝之以其室數制之不易之地家百畮一易之地家二百畮再易之地家三百畮乃分地職奠地守制地貢而頒職事焉以爲地灋而待政令

以荒政十有二聚萬民一曰散利二曰薄征三曰緩刑四曰弛力五曰舍禁六曰去幾七曰眚禮八曰殺哀九曰蕃樂十曰多昏十有一曰索鬼神十有二曰除盜賊

以保息六養萬民一曰慈幼二曰養老三曰振窮四曰

恤貧五曰寬疾六曰安富
以本俗六安萬民一曰媺宮室二曰族墳墓三曰聯兄弟四曰聯師儒五曰聯朋友六曰同衣服
正月之吉始和布教于邦國都鄙乃縣教象之灋于象魏使萬民觀教象挾日而斂之乃施教灋于邦國都鄙使之各以教其所治民令五家爲比使之相保五比爲閭使之相受四閭爲族使之相葬五族爲黨使之相救五黨爲州使之相賙五州爲鄉使之相賓
頒職事十有二于邦國都鄙使以登萬民一曰稼穡二

曰樹藝三曰作材四曰阜蕃五曰飭材六曰通財七曰化材八曰斂材九曰生材十曰學藝十有一曰世事十有二曰服事

登言進而成之九職任萬民加三事焉所以進而成之也

以鄉三物教萬民而賓興之一曰六德知仁聖義中和二曰六行孝友睦婣任恤三曰六藝禮樂射御書數

以鄉八刑糾萬民一曰不孝之刑二曰不睦之刑三曰不婣之刑四曰不弟之刑五曰不任之刑六曰不恤之

刑七曰造言之刑八曰亂民之刑

以五禮防萬民之僞而教之中以六樂防萬民之情而教之和凡萬民之不服教而有獄訟者與有地治者聽而斷之其附于刑者歸于士

祀五帝奉牛牲羞其肆享先王亦如之大賓客令野修道委積大喪帥六鄉之衆庶屬其六引而治其政令大軍旅大田役以旗致萬民而治其徒庶之政令若國有大故則致萬民于王門令無節者不行於天下大荒大札則令邦國移民通財舍禁弛力薄征緩刑

歲終則令敎官正治而致事正歲令于敎官曰各共爾職修乃事以聽王命其有不正則國有常刑

小司徒之職掌建邦之敎灋以稽國中及四郊都鄙之夫家九比之數以辨其貴賤老幼廢疾凡征役之施舍與其祭祀飲食喪紀之禁令

乃頒比灋于六鄉之大夫使各登其鄉之衆寡六畜車輦辨其物以歲時入其數以施政敎行徵令

登者上其籍也六字據訂義增凡民數有數之者閭胥以時數其衆寡是也有稽之者鄉師以時稽其夫家衆寡

是也數之則以其所屬之人寡稽之則以其所屬之人衆有校而登之者族師以時屬民而校登其夫家衆寡是也有登而不校者小司徒使鄉大夫各登其鄉之衆寡而鄉大夫以歲時登之是也（小司徒以下元闕從義疏增訂義引作鄉大夫以歲時登其夫家衆寡是也）登之而不校則其登之也因族師之所校而已

及三年則大比大比則受邦國之比要乃會萬民之卒伍而用之五人爲伍五伍爲兩四兩爲卒五卒爲旅五旅爲師五師爲軍以起軍旅以作田役以比追胥以令

貢賦

乃均土地以稽其人民而周知其數上地家七人可任也者家三人中地家六人可任也者二家五人下地家五人可任也者家二人凡起徒役毋過家一人以其餘爲羨唯田與追胥竭作

可任者或家三人二家五人家二人而起徒役毋過家一人蓋用徒役不必一時皆徧計所役久近取勞佚均而已不于一役家起二人所以寬民也唯田與追胥竭作則獵取禽獸與衆同欲逐伺盜賊與衆同

惡所役近且不久故也義疏引此故也作故可竭作

凡用衆庶則掌其政教與其戒禁聽其辭訟施其賞罰誅其犯命者凡國之大事致民大故致餘子

乃經土地而井牧其田野九夫為井四井為邑四邑為丘四丘為甸四甸為縣四縣為都以任地事而令貢賦凡稅斂之事

田畝有類於井而公田之中又鑿井焉故謂之井田一井之田九百畝八家八百畝公田居中亦百畝除二十畝八家分之得二畝半以為廬舍合保城之地

二畝半孟子所謂五畝之宅是也公田八十畝八家耕之是爲助廛廬舍居中貴人也私田環列于公田之外蓋衞王之意八家私百畝至於興兵之際乃八陳圖之灋　九夫爲井則九夫之地所飲同井故也民以里居田井同邑故也民以族葬四邑同丘故也四丘爲甸者田包於洫名之曰甸四甸爲縣者未成爲都故取名於大夫所治縣也四縣爲都者未成爲國故取名於公卿王子弟所治都也九夫以下據訂義增案田井同邑疑當作四井同邑

乃分地域而辨其守施其職而平其政

凡小祭祀奉牛牲羞其肆小賓客令野修道委積大軍旅帥其衆庶小軍旅巡役治其政令大喪帥邦役治其政教凡建邦國立其社稷正其畿疆之封凡民訟以地比正之地訟以圖正之

歲終則攷其屬官之治成而誅賞令羣吏正要會而致事正歲則帥其屬而觀教灋之象徇以木鐸曰不用灋者國有常刑令羣吏憲禁令修灋糾職以待邦治及大比六鄉四郊之吏平教治正政事攷夫屋及衆寡六畜

兵器以待政令

攷夫屋攷其受田之夫居里之屋亟其乘屋令其及時乘之以正治其怠惰宜矣攷其衆寡六畜兵器則亦以知登耗有無以待征役施舍誅賞之政令此條據訂義增

鄉師之職各掌其所治鄉之教而聽其治以國比之灋以時稽其夫家衆寡辨其老幼貴賤癈疾馬牛之物辨其可任者與其施舍者掌其戒令糾禁聽其獄訟

小司徒使登六畜辨其物而鄉師止辨馬牛之物者

以帥田役爲事則所須馬牛而已此注據訂義增

大役則帥民徒而至治其政令既役則受州里之役要以攷司空之辟以逆其役事凡邦事令作秩敘

大祭祀羞牛牲共茅葅大軍旅會同正治其徒役與其輂輦戮其犯命者大喪用役則帥其民而至遂治之及葬執纛以與匠師御匶而治役及窆執斧以涖匠師

葬而治役正其挽匶之行列故執纛以爲儀已窆而涖匠師則以防匶之傾戲使戒飭焉故執斧以爲威戲元作巇斧字元闕皆從訂義校正

凡四時之田前期出田灋于州里簡其鼓鐸旗物兵器修其卒伍及期以司徒之大旗致衆庶而陳之以旗物辨鄉邑而治其政令刑禁巡其前後之屯而戮其犯命者斷其爭禽之訟及四時之徵令有常者以木鐸徇于市朝

市朝衆所聚之地使皆聞而知之也

以歲時巡國及野而賙萬民之囏阸以王命施惠歲終則攷六鄉之治以詔廢置

正歲稽其鄉器比共吉凶二服閭共祭器族共喪器黨

共射器州共賓器鄉共吉凶禮樂之器若國大比則攷
教察辭稽器展事以詔誅賞
稽器稽其足否與良窳此注據訂義增
鄉大夫之職各掌其鄉之政教禁令正月之吉受教灋
于司徒退而頒之于其鄉吏使各以教其所治以攷其
德行察其道藝
攷攷知其實僞察察見其精粗
以歲時登其夫家之衆寡辨其可任者國中自七尺以
及六十野自六尺以及六十有五皆征之其舍者國中

貴者賢者能者服公事者老者疾者皆舍以歲時入其書

征之者以其材舍之者以其齒

三年則大比攷其德行道藝而興賢者能者鄉老及鄉大夫帥其吏與其衆寡以禮禮賓之厥明鄉老及鄉大夫羣吏獻賢能之書于王王再拜受之登于天府內史貳之退而以鄉射之禮五物詢衆庶一曰和二曰容三曰主皮四曰和容五曰興舞此謂使民興賢出使長之使民興能入使治之歲終則令六鄉之吏皆會政致事

正歲令羣吏攷灋于司徒以退各憲之于其所治國大詢于衆庶則各帥其鄉之衆寡而致于朝國有大故則令民各守其閭以待政令以旌節輔令則達之

帥其鄉之衆寡則鄉官咸在焉若州長則所帥衆若閭胥則所帥寡

州長各掌其州之教治政令之灋正月之吉各屬其州之民而讀灋以攷其德行道藝而勸之以糾其過惡而戒之若以歲時祭祀州社則屬其民而讀灋亦如之春秋以禮會民而射于州序凡州之大祭祀大喪皆涖其

事若國作民而師田行役之事則帥而致之掌其戒令與其賞罰歲終則會其州之政令正歲則讀教灋如初三年大比則大攷州里以贊鄉大夫之廢興

黨正各掌其黨之政令教治及四時之孟月吉日則屬民而讀邦灋以糾戒之春秋祭禜亦如之國索鬼神而祭祀則以禮屬民而飲酒于序以正齒位壹命齒于鄉里再命齒于父族三命而不齒凡其黨之祭祀喪紀昏冠飲酒教其禮事掌其戒禁凡作民而師田行役則以其灋治其政事歲終則會其黨政帥其吏而致事正歲

屬民讀灋而書其德行道藝以歲時涖校比及大比亦如之

族師各掌其族之戒令政事月吉則屬民而讀邦灋書其孝弟睦婣有學者春秋祭酺亦如之以邦比之灋帥四閭之吏以時屬民而校登其族之夫家衆寡辨其貴賤老幼廢疾可任者及其六畜車輦五家爲比十家爲聯五人爲伍十人爲聯四閭爲族八閭爲聯使之相保相受刑罰慶賞相及相共以受邦職以役國事以相葬埋若作民而師田行役則合其卒伍簡其兵器以鼓鐸

旗物帥而至掌其治令戒禁刑罰歲終則會政致事

以伍聯伍故謂之合

閭胥各掌其閭之徵令以歲時各數其閭之眾寡辨其施舍凡春秋之祭祀役政喪紀之數聚眾庶既比則讀灋書其敬敏任恤者凡事掌其比觵撻罰之事

比長各掌其比之治五家相受相和親有辠奇衺則相及從于國中及郊則從而授之若從于他則爲之旌節而行之若無授無節則唯圜土內之

經於鄉大夫曰政教禁令州長曰教治政令黨正曰

政令教治族師曰戒令政事閭胥曰閭之徵令比長曰比之治命官之意其輕重皆在一字閒也政令爲重禁令次之戒令又次之徵令爲下鄉大夫州長詳於教而兼政黨正族師詳於政而兼教閭胥則承上之政教而掌其徵令耳比長則並無所爲令矣

封人掌設王之社壝爲畿封而樹之凡封國設其社稷之壝封其四疆造都邑之封域者亦如之令社稷之職

凡祭祀飾其牛牲設其楅衡置其絼共其水稾歌舞牲及毛炮之豚凡喪紀賓客軍旅大盟則飾其牛牲

封人言掌設王之社壝封彊而樹之則以飾土事爲職故使之飾牛牲以牛土畜故也

鼓人掌教六鼓四金之音聲以節聲樂以和軍旅以正田役教爲鼓而辨其聲用以雷鼓鼓神祀以靈鼓鼓社祭以路鼓鼓鬼享以鼖鼓鼓軍事以鼛鼓鼓役事以晉鼓鼓金奏以金錞和鼓以金鐲節鼓以金鐃止鼓以金鐸通鼓凡祭祀百物之神鼓兵舞帗舞者凡軍旅夜鼓鼜軍動則鼓其眾田役亦如之救日月則詔王鼓大喪則詔大僕鼓

舞師掌教兵舞帥而舞山川之祭祀教帗舞帥而舞社稷之祭祀教羽舞帥而舞四方之祭祀教皇舞帥而舞旱暵之事凡野舞則皆教之凡小祭祀則不興舞

牧人掌牧六牲而阜蕃其物以共祭祀之牲牷凡陽祀用騂牲毛之陰祀用黝牲毛之望祀各以其方之色牲毛之凡時祀之牲必用牷物凡外祭毀事用尨可也凡祭祀共其犧牲以授充人繫之凡牲不繫者共奉之

共奉之則非特共其牲又奉其事

牛人掌養國之公牛以待國之政令凡祭祀共其享牛

求牛以授職人而芻之凡賓客之事共其牢禮積膳之牛饗食賓射共其膳羞之牛軍事共其犒牛喪事共其奠牛凡會同軍旅行役共其兵車之牛與其牽徬以載公任器凡祭祀共其牛牲之互與其盆簝以待事

充人掌繫祭祀之牲牷祀五帝則繫于牢芻之三月享先王亦如之凡散祭祀之牲繫于國門使養之展牲則告牷碩牲則贊

載師掌任土之灋以物地事授地職而待其政令以廛里任國中之地以場圃任園地以宅田士田賈田任近

郊之地以官田牛田賞田牧田任遠郊之地以公邑之田任甸地以家邑之田任稍地以小都之田任縣地以大都之田任畺地凡任地國宅無征園廛二十而一近郊十一遠郊二十而三甸稍縣都皆無過十二唯其漆林之征二十而五凡宅不毛者有里布凡田不耕者出屋粟凡民無職事者出夫家之征以時徵其賦

閭師掌國中及四郊之人民六畜之數以任其力以待其政令以時徵其賦凡任民任農以耕事貢九穀任圃以樹事貢草木任工以飭材事貢器物任商以市事貢

貨賄任牧以畜事貢鳥獸任嬪以女事貢布帛任衡以山事貢其物任虞以澤事貢其物凡無職者出夫布凡庶民不畜者祭無牲不耕者祭無盛不樹者無椁不蠶者不帛不績者不衰

縣師掌邦國都鄙稍甸郊里之地域而辨其夫家人民田萊之數及其六畜車輦之稽

人民在夫家六畜之中則是民之隸也質人所謂人民同意此注據訂義增

三年大比則以攷羣吏而以詔廢置若將有軍旅會同

田役之戒則受灋于司馬以作其衆庶及馬牛車輦會
其車人之卒伍使皆備旗鼓兵器以帥而至
車有車之卒伍若司右所謂合車之卒伍是也人有
人之卒伍若小司徒所謂會萬民之卒伍是也此注據訂
義增
凡造都邑量其地辨其物而制其域以歲時徵野之賦
貢
遺人掌邦之委積以待施惠鄉里之委積以恤民之艱
阸門關之委積以養老孤郊里之委積以待賓客野鄙

之委積以待羇旅縣鄙之委積以待凶荒凡賓客會同師役掌其道路之委積

恤民之囏阨則司救所謂歲時有天患民病以節巡國中及郊野而以王命施惠也國及郊野以鄉里爲中故恤民之囏阨宜以鄉里之委積此注據訂義增

凡國野之道十里有廬廬有飲食三十里有宿宿有路室路室有委五十里有市市有候館候館有積凡委積之事巡而比之以時頒之

廬小室十里可以飲食而息焉三十里則可以宿焉

故爲大室五十里則四旁皆可以日中至焉故有市也可以俟賓旅而館之焉此注據訂義增

均人掌均地政均地守均地職均人民牛馬車輦之力政凡均力政以歲上下豐年則公旬用三日焉中年則公旬用二日焉無年則公旬用一日焉凶札則無力政無財賦不收地守地職不均地政三年大比則大均

地政上所以正下地守地職下所以供上人民牛馬車輦之力政則征于地守地職之入而已

師氏掌以媺詔王以三德教國子一曰至德以爲道本

二曰敏德以爲行本三曰孝德以知逆惡教三行一曰孝行以親父母二曰友行以尊賢良三曰順行以事師長居虎門之左司王朝掌國中失之事以教國子弟凡國之貴遊子弟學焉凡祭祀賓客會同喪紀軍旅王舉則從聽治亦如之使其屬帥四夷之隸各以其兵服守王之門外且蹕朝在野外則守內列

師氏保氏凡祭祀賓客會同喪紀軍旅王舉則從聽治亦如之則是詔媺諫惡之官無適而非從夫然後王無一媺之弗爲無一惡之弗去王唯無惡而有媺

則四夷服而爲役可責以守禦也王唯以下二十字據訂義增

保氏掌諫王惡而養國子以道乃敎之六藝一曰五禮二曰六樂三曰五射四曰五馭五曰六書六曰九數乃敎之六儀一曰祭祀之容二曰賓客之容三曰朝廷之容四曰喪紀之容五曰軍旅之容六曰車馬之容

先王本道以達爲藝緣道而制爲儀義疏同訂義引作道與之才先王達之以爲藝道與之貌先王制之以爲儀

凡祭祀賓客會同喪紀軍旅王舉則從聽治亦如之使其屬守王闈

師氏未有媺而詔之故曰掌以媺詔王保氏遇有惡而後諫故曰掌諫王惡師氏保氏皆使其屬守則亦有保之名焉守事非其身之所任矣　闈者旁出之小門（此句從訂義增）

司諫掌糾萬民之德而勸之朋友正其行而強之道藝巡問而觀察之以時書其德行道藝辨其能而可任于國事者以攷鄉里之治以詔廢置以行赦宥

知吏之實故可以詔廢置知民之實故可以行赦宥

司救掌萬民之衺惡過失而誅讓之以禮防禁而救之

凡民之有衺惡者三讓而罰三罰而士加明刑恥諸嘉石役諸司空其有過失者三讓而罰三罰而歸于圜土凡歲時有天患民病則以節巡國中及郊野而以王命施惠

調人掌司萬民之難而諧和之凡過而殺傷人者以民成之鳥獸亦如之凡和難父之讎辟諸海外兄弟之讎辟諸千里之外從父兄弟之讎不同國君之讎眡父師長之讎眡兄弟主友之讎眡從父兄弟弗辟則與之瑞節而以執之凡殺人有反殺者使邦國交讎之凡殺人

而義者不同國令勿讎讎之則死凡有鬬怒者成之不可成者則書之先動者誅之

媒氏掌萬民之判凡男女自成名以上皆書年月日名焉令男三十而娶女二十而嫁凡娶判妻入子者皆書之中春之月令會男女于是時也奔者不禁若無故而不用令者罰之司男女之無夫家者而會之凡嫁子娶妻入幣純帛無過五兩

婚姻欲致一故用純色之帛天數五地數五五位相得而各有合五兩則以天地合數爲之此注據訂義增

禁遷葬者與嫁殤者凡男女之陰訟聽之于勝國之社其附于刑者歸之于士

社陰故于兹聽陰訟神所在也明當敬而不褻

周官新義卷六　　譚瑩玉生覆校

周官新義卷六　

周官新義卷七

宋　王安石　譔

地官二

司市掌市之治教政刑量度禁令以次敘分地而經市以陳肆辨物而平市以政令禁物靡而均市以商賈阜貨而行布以量度成賈而徵儥以質劑結信而止訟以賈民禁僞而除詐以刑罰禁虣而去盜以泉府同貨而斂賒

大市日昃而市百族爲主朝市朝時而市商賈爲主夕

市夕時而市販夫販婦爲主

凡市入則胥執鞭度守門市之羣吏平肆展成奠賈上旌于思次以令市市師涖焉而聽大治大訟胥師賈師涖于介次而聽小治小訟

器中度布帛精粗中數木中伐禽獸魚鼈中殺此所謂成也此注據訂義增

凡萬民之期于市者辟布者量度者刑劉者各于其地之敘凡得貨賄六畜者亦如之三日而舉之凡治市之貨賄六畜珍異亡者使有利者使阜害者使亡靡者使

微

凡通貨賄以璽節出入之國凶荒札喪則市無征而作布凡市僞飾之禁在民者十有二在商者十有二在賈者十有二在工者十有二市刑小刑憲罰中刑徇罰大刑扑罰其附于刑者歸于士

國君過市則刑人赦夫人過市罰一幕世子過市罰一帟命夫過市罰一蓋命婦過市罰一帷凡會同師役市司帥賈師而從治其市政掌其賣儥之事

過市非所以明遠利也市人犯刑以利而已國君近

市則市人何誅焉故國君過市則刑人赦所謂刑人亦憲徇扑三者而已幕也帟也蓋也皆庇下之物爲上近利則無以庇下矣

質人掌成市之貨賄人民牛馬兵器珍異凡賣儥者質劑焉大市以質小市以劑掌稽市之書契同其度量壹其淳制巡而攷之犯禁者舉而罰之凡治質劑者國中一旬郊二旬野三旬都三月邦國朞期內聽期外不聽

質劑之治宜以時決久而後辨則證逮或已死亡其事易以生僞故期外不聽亦所以省煩擾省煩擾訂義同義疏

作仕欺誣

廛人掌斂市絘布總布質布罰布廛布而入於泉府凡屠者斂其皮角筋骨入于玉府凡珍異之有滯者斂而入于膳府

屠者正以肉爲利七字據訂義增皮角筋骨屠者之餘財也廛人斂而入于玉府明所取者非民之正利

胥師各掌其次之政令而平其貨賄憲刑禁焉察其詐僞飾行價慝者而誅罰之聽其小治小訟而斷之

賈師各掌其次之貨賄之治辨其物而均平之展其成

而奠其賈然後令市凡天患禁貴儥者使有恆賈四時之珍異亦如之凡國之賣儥各帥其屬而嗣掌其月凡師役會同亦如之

司虣掌憲市之禁令禁其鬭囂者與其虣亂者出入相陵犯者以屬遊飲食於市者若不可禁則搏而戮之

司稽掌巡市而察其犯禁者與其不物者而搏之掌執市之盜賊以徇且刑之

胥各掌其所治之政執鞭度而巡其前掌其坐作出入之禁令襲其不正者凡有罪者撻戮而罰之

肆長各掌其肆之政令陳其貨賄名相近者相遠也實相近者相爾也而平正之斂其總布掌其戒禁

泉府掌以市之征布斂市之不售貨之滯於民用者以其價買之物楬而書之以待不時而買者買者各從其抵都鄙從其主國人郊人從其有司然後予之凡賖者祭祀無過旬日喪紀無過三月

賖謂之賖則不即入其價也此注據訂義增

凡民之貸者與其有司辨而授之以國服爲之息凡國事之財用取具焉歲終則會其出入而納其餘

司門掌授管鍵以啓閉國門幾出入不物者正其貨賄凡財物犯禁者舉之以其財養死政之老與其孤

司門總統諸門故掌授管鍵之事

祭祀之牛牲繫焉監門養之

必使監門養牲則爲其於郊於國各有所近便於共取夙夜啓閉未嘗乏使便於養視且衆所出入其養視不謹易以幾察故也然而祀五帝享先王不繫之門則其致嚴又異於此矣此注據訂義增

凡歲時之門受其餘凡四方之賓客造焉則以告

司關掌國貨之節以聯門市司貨賄之出入者掌其治禁與其征廛凡貨不出於關者舉其貨罰其人凡所達貨賄者則以節傳出之國凶札則無關門之征猶幾凡四方之賓客敂關則爲之告有外内之送令則以節傳出内之

掌節掌守邦節而辨其用以輔王命守邦國者用玉節守都鄙者用角節凡邦國之使節山國用虎節土國用人節澤國用龍節皆金也以英蕩輔之門關用符節貨賄用璽節道路用旌節皆有期以反節凡通達于天下

者必有節以傳輔之無節者有幾則不達

門關則以符合之貨賄則以璽驗之道路則以旌表之

遂人掌邦之野以土地之圖經田野造縣鄙形體之灋五家爲鄰五鄰爲里四里爲酇五酇爲鄙五鄙爲縣五縣爲遂皆有地域溝樹之使各掌其政令刑禁

比相保則鄰亦相保閭相受則里亦相受族相葬則酇亦相葬矣黨相救則鄙亦相救矣州相賙則縣亦相賙矣鄉相賓則遂亦相賓矣義疏引此作相保相受相葬相救相賙相

賓之灋一與六鄉同葢隱括之詞

以歲時稽其人民而授之田野簡其兵器教之稼穡凡治野以下劑致甿以田里安甿以樂昏擾甿以土宜教甿稼穡以興耡利甿以時器勸甿以彊予任甿

孟子曰唯助爲有公田許愼釋耡以商人七十而耡則助耡一也興之以助公田則甿得所私焉所以利之善其器則以勸謂之時器則器之用各有時若耜以耕銍以穫

以土均平政辨其野之土上地中地下地以頒田里上

地夫一廛田百畮萊五十畮餘夫亦如之中地夫一廛田百畮萊百畮餘夫亦如之下地夫一廛田百畮萊二百畮餘夫亦如之

凡治野夫閒有遂遂上有徑十夫有溝溝上有畛百夫有洫洫上有涂千夫有澮澮上有道萬夫有川川上有路以達於畿

以歲時登其夫家之衆寡及其六畜車輦辨其老幼廢疾與其施舍者以頒職作事以令貢賦以令師田以起政役

遂人既登其夫家衆寡六畜車輦遂師又以時登則
遂師登之於遂人遂人登之於小司徒

若起野役則令各帥其所治之民而至以遂之大旗致
之其不用命者誅之

鄉師致民以司徒之大旗遂人所謂大旗亦司徒之
大旗於是建焉於遂言遂之大旗則鄉可知於鄉言
司徒之大旗則遂亦可知

凡國祭祀共野牲令野職凡賓客令修野道而委積大
喪帥六遂之役而致之掌其政令及葬帥而屬六綍及

窆陳役凡事致野役而師田作野民帥而至掌其政治禁令

遂師各掌其遂之政令戒禁以時登其夫家之衆寡六畜車輦辨其施舍與其可任者經牧其田野辨其可食者周知其數而任之以徵財征

經牧其田野猶小司徒所謂經土地而井牧其田野不言井則以下言辨其可食者周知其數而任之故也

作役事則聽其治訟巡其稼穡而移用其民以救其時

事

凡國祭祀審其誓戒共其野牲入野職野賦于玉府賓客則巡其道脩庇其委積大喪使帥其屬以幄帟先道野役及窆抱磨共丘籠及蜃車之役軍旅田獵平野民掌其禁令比敘其事而賞罰

幕人大喪共帷幕帟綬今此幄帟非幕人所共矣道野役帥以至墓磨者適歷執綍者名也丘籠之役竁復土也其器曰籠蜃車蜃路也蜃路載柩四輪迫地而行有似於蜃因取名焉行至壙乃說更復載龍輴

蜃車載闉壙之蜃者

遂大夫各掌其遂之政令以歲時稽其夫家之衆寡六畜田野辨其可任者與其可施舍者以教稼穡以稽功事掌其政令戒禁聽其治訟令爲邑者歲終則會政致事正歲簡稼器修稼政三歲大比則帥其吏而興甿明其有功者屬其地治者凡爲邑者以四達戒其功事而誅賞廢興之

凡國之政令自王達之於大司徒自大司徒達之於遂人自遂人達之於遂大夫自遂大夫達之於爲邑

者此之謂四達此注據訂義增

縣正各掌其縣之政令徵比以頒田里以分職事掌其治訟趨其稼事而賞罰之若將用野民師田行役移執事則帥而至治其政令既役則稽功會事而誅賞

遂官各降鄉一等其官亦各降焉故州謂之長縣與黨同謂之正鄙與族同謂之師移執事若遂師所謂巡其稼穡而移用其民以救其時事也

鄙師各掌其鄙之政令祭祀凡作民則掌其戒令以時數其衆庶而察其媺惡而誅賞歲終則會其鄙之政而

致事

酇長各掌其酇之政令以時校登其夫家比其眾寡以治其喪紀祭祀之事若作其民而用之則以旗鼓兵革帥而至若歲時簡器與有司數之凡歲時之戒令皆聽之趨其耕耨稽其女功

里宰掌比其邑之眾寡與其六畜兵器治其政令以歲時合耦於耡以治稼穡趨其耕耨行其秩敘以待有司之政令而徵斂其財賦

鄰長掌相糾相受凡邑中之政相贊徙於他邑則從而

授之

旅師掌聚野之耡粟屋粟閒粟而用之以質劑致民平頒其興積施其惠散其利而均其政令凡用粟春頒而秋斂之凡新甿之治皆聽之使無征役以地之媺惡爲之等

掌聚野之耡粟屋粟閒粟而用之者聚此三粟而用以頒以散也王氏與之曰鄭氏改而爲若無義王氏連上讀之爲是施其惠若民有囏阨不責其償散其利者資之以利本業者又散以與之資之以下據訂義增

稍人掌令丘乘之政令若有會同師田行役之事則以縣師之灋作其同徒輂輦帥而以至治其政令以聽於司馬大喪帥蜃車與其役以至掌其政令以聽於司徒

丘之政令司徒所掌乘之政令司馬所掌稍人掌令丘乘之政令耳丘言其地乘言其賦所謂同則丘地也所謂徒役輂輦蜃車則乘賦也其作而帥以至掌其政令以聽於司馬司徒則所謂令丘乘之政令也

委人掌斂野之賦斂薪芻凡疏材木材凡畜聚之物以稍聚待賓客以甸聚待羇旅凡其余聚以待頒賜

稍聚者所聚稍給之物甸聚者所聚甸賦之物余聚者所聚經用之餘物頒賜用財之餘事故以余聚待之

以式灋共祭祀之薪蒸木材賓客共其芻薪喪紀共其薪蒸木材軍旅共其委積薪芻凡疏材共野委兵器與其野囿財用凡軍旅之賓客館焉

土均掌平土地之政以均地守以均地事以均地貢

均人無所不均故曰均地政土均雖有及乎地征然以土爲主未及乎均人故言平土地之政有職必有

事有事必有職均人均地職而不均地事土均均地事而不均地職均人均力政不均地貢土均均地貢不均力政者互見也有職以下據訂義增

以和邦國都鄙之政令刑禁與其施舍禮俗喪紀祭祀皆以地媺惡爲輕重之灋而行之掌其禁令

草人掌土化之灋以物地相其宜而爲之種凡糞釋文作坴種騂剛用牛赤緹用羊墳壤用麋渴澤用鹿鹹潟用貆勃壤用狐埴壚用豕彊㯺用蕡輕爂釋文作爂與篆體合用犬

糞種以糞糞之唯用蕡非以糞而亦謂之糞者其用

之也亦如以糞糞之此注據訂義增

稻人掌稼下地以瀦畜水以防止水以溝蕩水以遂均水以列舍水以澮寫水以涉揚其芟作田

以瀦畜水待旱也以防止水待水也此注據訂義增

凡稼澤夏以水殄草而芟夷之澤草所生種之芒種旱暵共其雩斂喪紀共其葦事

夏以水殄草則以夏水如湯剃以殺草也喪紀共其葦事葦生下地故也

土訓掌道地圖以詔地事道地慝以辨地物而原其生

以詔地求王巡守則夾王車

誦訓掌道方志以詔觀事掌道方慝以詔辟忌以知地俗王巡守則夾王車

山虞掌山林之政令物爲之厲而爲之守禁仲冬斬陽木仲夏斬陰木凡服耜斬季材以時入之令萬民時斬材有期日凡邦工入山林而掄材不禁春秋之斬木不入禁凡竊木者有刑罰

考工記曰凡斬轂之道必矩其陰陽陽也者稹理而堅陰也者疏理而柔是故以火養其陰而齊諸其陽

則轂雖敝不藃所謂陽木則稹理而堅者也所謂陰木則疏理而柔者也疏理而柔宜以火養則斬以仲夏使盛陽暴之與火養同意陰木如此則陽木斬以仲冬宜矣季標枝也蓋因其材而揉焉

若祭山林則爲主而修除且蹕若大田獵則萊山田之野及弊田植虞旗於中致禽而珥焉

蹕止人犯其祭虞主山林掌其政令且爲之厲禁也

脩脩祭事除除地爲墠脩除二句據訂義增

林衡掌巡林麓之禁令而平其守以時計林麓而賞罰

之若斬木材則受灋於山虞而掌其政令
澤虞言使其地之人而守其財物而林衡不言林衡
言平其守而澤虞不言互見也林之政山虞掌之林
衡掌其巡之禁令而已澤之政澤虞掌之川衡掌其
巡之禁令而已然則林衡正於山虞者也川衡正於
澤虞者也
川衡掌巡川澤之禁令而平其守以時舍其守犯禁者
執而誅罰之祭祀賓客共川奠
澤亦必如此而不言亦互見也共川奠共川物之奠

也不言物以澤虞見之共川奠以下據訂義增

澤虞掌國澤之政令爲之厲禁使其地之人守其財物以時入之于玉府頒其餘于萬民凡祭祀賓客共澤物之奠喪紀共其葦蒲之事

使其地之人守其財物則人自爲守所以澤雖大莫或害其養蓄山林川澤皆有財物惟澤物入於玉府者澤物最小也所以自養取薄所以養人從厚夫是之謂王德又頒其餘於萬民則雖澤物亦不盡利

若大田獵則萊澤野及弊田植虞旌以屬禽

澤野所謂藪也或言致禽或言屬禽則皆致而屬之不言珥以山虞見之或言以下二十二字據訂義增

迹人掌邦田之地政爲之厲禁而守之凡田獵者受令焉禁麛卵者與其毒矢射者

名曰迹人以迹知禽獸之處而後可得田而取矣邦田無地則鳥獸無所生有地而無政則其生不能蕃息雖有政不爲厲禁以守之則侵地盜物所以干有司者衆矣雖爲厲禁以守之然雉兔者往焉亦弗禁也

卝人掌金玉錫石之地而爲之厲禁以守之若以時取之則物其地圖而授之巡其禁令

角人掌以時徵齒角凡骨物于山澤之農以當邦賦之政令以度量受之以共財用

羽人掌以時徵羽翮之政于山澤之農以當邦賦之政令凡受羽十羽爲審百羽爲搏十搏爲縛

掌葛掌以時徵絺綌之材于山農凡葛征徵草貢之材于澤農以當邦賦之政令以權度受之

掌染草掌以春秋斂染草之物以權量受之以待時而

頒之

掌染草至掌蜃所徵亦必當邦賦之政令而不言者則以角人羽人掌葛見之

掌炭掌灰物炭物之徵令以時入之以權量受之以共邦之用凡炭灰之事

掌荼掌以時聚荼以共喪事徵野疏材之物以待邦事凡畜聚之物

掌蜃掌斂互物蜃物以共闉壙之蜃祭祀共蜃器之蜃共白盛之蜃

用蜃以禦溼除貍蟲

囿人掌囿游之獸禁牧百獸祭祀喪紀賓客共其生獸死獸之物

獸人共生獸死獸囿人共生獸死獸之物者獸人所共田獵所得囿人所共囿游所牧共其物若麋麔熊羆之類

場人掌國之場圃而樹之果蓏珍異之物以時斂而藏之凡祭祀賓客共其果蓏享亦如之

廩人掌九穀之數以待國之匪頒賙賜稍食以歲之上

下數邦用以知足否以詔穀用以治年之凶豐凡萬民之食食者人四鬴上也人三鬴中也人二鬴下也

民之食可以鬴計者校登夫家貴賤老幼廢疾之數覲稼省斂稽比財物其灋詳也

若食不能人二鬴則令邦移民就穀詔王殺邦用凡邦有會同師役之事則治其糧與其食大祭祀則共其接盛

舍人掌平宮中之政分其財守以灋掌其出入凡祭祀共簠簋實之陳之

旣共簠簋之器又以饎人所共之實實之陳之也此注據訂義增

賓客亦如之共其禮車米筥米芻禾喪紀共飯米熬穀以歲時縣穜稑之種以共王后之春獻種掌米粟之出入辨其物歲終則會計其政

倉人掌粟入之藏辨九穀之物以待邦用若穀不足則止餘灋用有餘則藏之以待凶而頒之凡國之大事共道路之穀積食飲之具

灋式所用有雖不足不可以已者有待有餘然後用

者所謂餘灋用則待有餘而後用者

司祿

闕

司稼掌巡邦野之稼而辨穜稑之種周知其名與其所宜地以爲灋而縣于邑閭巡野觀稼以年之上下出斂灋掌均萬民之食而賙其急而平其興

舂人掌共米物祭祀共其齍盛之米賓客共其牢禮之米凡饗食共其食米掌凡米事

饎人掌凡祭祀共盛共王及后之六食凡賓客共其簠簋之實饗食亦如之

舂人舂穀以爲米饎人炊米以爲食其職事相成故舂人祭祀共齍盛之米饎人祭祀共盛舂人賓客共牢禮之米而饎人共其簠簋之實饎人共王及后之六食饗食亦共簠簋之實而舂人不言共米則以言祭祀賓客從可知也

槀人掌共外內朝宂食者之食若饗耆老孤子士庶子共其食掌豢祭祀之犬

周官新義卷七

譚瑩玉生覆校

周官新義卷八

宋　王安石　譔

春官一

惟王建國辨方正位體國經野設官分職以爲民極乃立春官宗伯使帥其屬而掌邦禮以佐王和邦國禮官之屬大宗伯卿一人小宗伯中大夫二人肆師下大夫四人上士八人中士十有六人旅下士卅有二人府六人史十有二人胥十有二人徒百有廿人

凡有族則有祀祀則有宗宗典祀者也宗伯掌天神

人鬼地示之禮故謂之宗在四時之官爲長故謂之伯

鬯人下士二人府二人史一人徒八人

雞人下士一人史一人徒四人

司尊彝下士二人府四人史二人胥二人徒廿人

司几筵下士二人府二人史一人徒八人

天府上士一人中士二人府四人史二人胥二人徒廿人

典瑞中士二人府二人史二人胥一人徒十人

典命中士二人府二人史二人胥一人徒十人

司服中士二人府二人史一人胥一人徒十人

典祀中士二人下士四人府二人史二人胥四人徒四十人

守祧奄八人女祧每廟二人奚四人

守廟祧而名之曰守祧守祧則廟可知矣

世婦每宫卿二人下大夫四人中士八人女府二人女史二人奚十有六人

内宗凡内女之有爵者

外宗凡外女之有爵者

冢人下大夫二人中士四人府二人史四人胥十有二人徒百有廿人

墓大夫下大夫二人中士八人府二人史四人胥廿人徒二百人

職喪上士二人中士四人下士八人府二人史四人胥四人徒四十人

大司樂中大夫二人樂師下大夫四人上士八人下上

十有六人府四人史八人胥八人徒八十八
大胥中士四人小胥下士八人府二人史四人徒四十
八
大師下大夫二人小師上士四人瞽矇上瞽四十人中
瞽百人下瞽百有六十人眡瞭三百人府四人史八人
胥十有二人徒百有廿人
典同中士二人府一人史一人胥二人徒廿人
　典律同而名之曰典同典同則律可知矣
磬師中士四人下士八人府四人史二人胥四人徒四

十人

鍾師中士四人下士八人府二人史二人胥六人徒六十人

笙師中士二人下士四人府二人史二人胥一人徒十人

鎛師中士二人下士四人府二人史二人胥二人徒廿人

韎師下士二人府一人史一人舞者十有六人徒四十人

旄人下士四人舞者衆寡無數府二人史二人胥二人徒廿人

籥師中士四人府二人史二人胥二人徒廿人

籥章中士二人下士四人府一人史一人胥二人徒廿人

鞮鞻氏下士四人府一人史一人胥二人徒廿人

典庸器下士四人府四人史二人胥八人徒八十人

征伐所得之器而謂之庸器者庸民功也則征伐之功凡以爲民非利其器故也

司干下士二人府二人史二人徒廿人
大卜下大夫二人卜師上士四人卜人中士八人下士
十有六人府二人史二人胥四人徒四十人
大卜以下大夫爲之而其官屬甚衆葢先王重其事
故也大卜掌其瀵龜人辨其名物體色攻之取之以
其時上春則釁之而祭祀先卜及其卜也卜師又辨
其左右上下陰陽授命龜者而詔相之其爇燋以明
火其占也君占體大夫占色史占墨卜人占坼旣事
則繫幣以比其命歲終則計其占之中否先王用卜

如此故卜可恃以知吉凶夫木之有火明矣不致一

以鑽之則不出龜亦何異於此

龜人中士二人府二人史二人工四人胥四人徒四十

人

華氏下士二人史一人徒八人

占人下士八人府一人史二人徒八人

簭人中士二人府一人史二人徒四人

占夢中士二人史二人徒四人

眡祲中士二人史二人徒四人

大祝下大夫二人上士四人小祝中士八人下士十有六人府二人史四人胥四人徒四十人

喪祝上士二人中士四人下士八人府二人史二人胥四人徒四十人

甸祝下士二人府一人史一人徒四人

詛祝下士二人府一人史一人徒四人

司巫中士二人府一人史一人胥一人徒十人

男巫無數女巫無數其師中士四人府二人史四人胥四人徒四十人

神降之後在男曰覡在女曰巫故不預爲員數

太史下大夫二人上士四人小史中士八人下士十有六人府四人史八人胥四人徒四十人

馮相氏中士二人下士四人府二人史四人徒八人

保章氏中士二人下士四人府二人史四人徒八人

内史中大夫一人下大夫二人上士四人中士八人下士十有六人府四人史八人胥四人徒四十人

外史上士四人中士八人下士十有六人胥二人徒廿人

御史中士八人下士十有六人其史百有廿人府四人胥四人徒四十人

巾車下大夫二人上士四人中士八人下士十有六人府四人史八人工百人胥五人徒五十人

典路中士二人下士四人府二人史二人胥二人徒廿人

車僕中士二人下士四人府二人史二人胥二人徒廿人

司常中士二人下士四人府二人史二人胥四人徒十人

人
都宗人上士二人中士四人府二人史四人胥四人徒
四十人
家宗人如都宗人之數
凡以神仕者無數以其藝爲之貴賤之等
大宗伯之職掌建邦之天神人鬼地示之禮以佐王建
保邦國
大宗伯之禮或以神鬼示爲序或以鬼神示爲序或
以神示鬼爲序以神鬼示爲序定上下也以鬼神示

爲序辨内外也以神示鬼爲序明尊卑也定上下然後辨内外辨内外然後明尊卑禮之序也

以吉禮事邦國之鬼神示以禋祀祀昊天上帝以實柴祀日月星辰以槱燎祀司中司命飌師雨師以血祭祭社稷五祀五嶽以貍沈祭山林川澤以疈辜祭四方百物以肆獻祼享先王以饋食享先王以祠春享先王以禴夏享先王以嘗秋享先王以烝冬享先王

謂之建邦之天神人鬼地示之禮則禮當自王出故也謂之事邦國之鬼神示則其所事非特王國而已

禋者意之精也無事於氣矣義疏引作禋者意之精也意先於氣血者物之幽也無事於形矣義疏引作血者氣之盛也氣先於形實柴槱燎用氣而已貍沈疈辜則用形焉氣親上形親下各從其類也柴而實牲然後槱燎天祀之所同也或言實柴或言槱燎則相備而已相備而言實柴於上言槱燎於下以先後爲尊卑也山林之受物也以貍川澤之受物也以沈以貍沈祭焉則各以其物宜也四方異體肆而不全百物異用制而不變以疈辜祭焉則亦各以其物宜也天祀用物氣而貴精地祭用物形

而貴幽冥享用人義而貴時羞其肆而酌獻焉則以祼享先王其祼也猶事生之有饗也羞其孰而饋食焉則以食享先王其食也猶事生之有食也饗以陽爲主故禘以夏食以陰爲主故祫以冬春物生未有以享也其享也以詞爲主删翼引作主以詞達誠故春曰祠夏則陽盛矣其享也以樂爲主故夏曰禴秋物成可嘗矣其享也嘗而已故秋曰嘗義疏引作秋物初成薦新曰嘗冬則物衆其享也烝衆物焉故冬曰烝義疏引作冬物大備合衆物以享曰烝删翼皆同冬辨於物之時而以冬祫者唯辨於物然後與

其合故也郊血郊特牲則天祀非無血非不用形王
賓殺禋蕭合黍稷臭陽達於牆屋則鬼享非無禋非
不用氣然則祀也祭也享也各有所主而已祀有昊
天而無五帝有司中司命而無司民司祿祭有社稷
而無大示有五嶽而無四瀆有山林川澤而無丘陵
墳衍享有先王而無先公與大烝之所祭者則祀典
所秩於此不可勝言也上下比義從可知矣
以凶禮哀邦國之憂以喪禮哀死亡以荒禮哀凶札以
弔禮哀禍烖以禬禮哀圍敗以恤禮哀寇亂

喪禮荒禮以彼喪荒哀之也弔禮禬禮恤禮以我弔禬恤哀之也哭亡謂之喪死亡斯哭之矣人亡而草生之謂之荒凶札斯荒矣禮記曰反而亡焉失之矣於是爲甚始死也哀其死既葬矣則哀其亡焉弔以慰之禬以補之恤以救之寇亂則及事時故救之圍敗在事後故補之而已死亡凶札禍烖天事也死亡爲重凶札次之禍烖爲輕圍敗寇亂人事也圍敗爲重寇亂爲輕此凶禮之序也

以賓禮親邦國春見曰朝夏見曰宗秋見曰覲冬見曰

遇時見曰會殷見曰同時聘曰問殷頫曰視

以歲譬曰則春朝時也故春見曰朝夏則萬物相見於是時也有爲之宗者故夏見曰宗秋非萬物相見之時於是見焉可謂勤矣故秋見曰覲冬則物辨矣莫爲之宗亦莫之宗其見也若邂逅然故冬見曰遇時見曰會者將命以事召而會之有時而然故曰時見曰會殷見曰同者王不巡守會而見之殷國所同故曰殷同時聘以恩問之而已故時聘曰問殷頫以事有所察治故殷頫曰視凡此諸禮或大或小或如常禮

唯其時物故或言大或言小或不言大小

以軍禮同邦國大師之禮用衆也大均之禮恤衆也大田之禮簡衆也大役之禮任衆也大封之禮合衆也

用衆用其命恤衆恤其事簡衆簡其能任衆任其力合衆合其志地有定域民有常主則所以合其志也用其命而不知恤其事恤其事而不知簡其能簡其能而不知任其力任其力而不知合其志非所以爲軍禮軍禮以用其命爲主以合其志爲終始

以嘉禮親萬民以飲食之禮親宗族兄弟以昏冠之禮

親成男女以賓射之禮親故舊朋友以饗燕之禮親四方之賓客以脤膰之禮親兄弟之國以賀慶之禮親異姓之國

以飲食之禮親宗族兄弟者宗族兄弟飲食之而已致其愛故也四方之賓客則有饗燕之禮焉致其敬故也昏冠之禮親成男女者昏以親之冠以成之冠以成之者男也而曰親成男女則男帥女而成之也成男也乃亦所以成女先昏後冠則親之而後成之以脤膰之禮親兄弟之國者與之同福祿也異姓之

國則不與同福祿矣故以賀慶之禮親之親宗族兄弟然後親成男女以尊及卑也親故舊朋友然後親四方之賓客以近及遠也四方之賓客以禮來接我者也兄弟異姓之國則我以禮往加焉此嘉禮之序也

以九儀之命正邦國之位壹命受職再命受服三命受位四命受器五命賜則六命賜官七命賜國八命作牧九命作伯

以玉作六瑞以等邦國王執鎮圭公執桓圭侯執信圭

伯執躬圭子執穀璧男執蒲璧以禽作六摯以等諸臣孤執皮帛卿執羔大夫執鴈士執雉庶人執鶩工商執雞

其道足以衣被人而飾之以炳蔚之文章者孤之事也故孤執皮帛羣而不黨致恭以有禮者卿之事也故卿執羔進不失其時行不失其序者大夫之事也故大夫執鴈交有時別有倫守死而不犯分披文以相質者士之事也故士執雉可畜而不散遷者庶人之事也故庶人執鶩可畜而不違時者工商之事也

故工商執雞飾羔鴈者以績則卿大夫宜亦能衣被人而有文章故也

以玉作六器以禮天地四方以蒼璧禮天以黃琮禮地以青圭禮東方以赤璋禮南方以白琥禮西方以元璜禮北方皆有牲幣各放其器之色

天之色蒼則其始事之時地之色黃則其終功之時璧辟也萬物親地而天爲之辟琮宗也萬物祖天而地爲之宗以蒼璧禮天則天以始事爲功以黃琮禮地則地以終功爲事亦陽之盛色章陰之成事亦璋

者以陽之盛色物之以陰之成事名之元陽之正色黄陰之盛色元璜者以陽之正色物之以陰之盛色名之南北者陰陽之雜故也青圭則象陽之生而已白琥則象陰之殺而已東西陰陽之純故也以其陽之純故成衆焉以其陰之純故效瀍焉南陽也陰居其半故半圭而已北陰也陽居其半故半璧而已皆有牲幣各放其器之色則亦各從其類也

以天產作陰德以中禮防之以地產作陽德以和樂防之以禮樂合天地之化百物之產以事鬼神以諧萬民

以致百物

天產養精故以作陰德陰德所以行陰禮者也以中禮防之則使其不淫地產養形故以作陽德陽德所以行陽禮者也以和樂防之則使其不怠天地之化是謂大和百物之產則亦天地之和而已中禮和樂所以合之合而與天地同流然後可以事鬼神諧萬民致百物

凡祀大神享大鬼祭大示帥執事而卜日宿眡滌濯涖玉鬯省牲鑊奉玉齍詔大號治其大禮詔相王之大禮

若王不與祭祀則攝位凡大祭祀王后不與則攝而薦豆籩徹大賓客則攝而載果

大賓客攝而載果者亦王后不與而攝也義疏引作注以攝果爲代王非也亦謂王后不與而攝其事

朝覲會同則爲上相大喪亦如之王哭諸侯亦如之王命諸侯則儐國有大故則旅上帝及四望

相相王儐儐諸侯

王大封則先告后土乃頒祀于邦國都家鄉邑

王大封則先告后土乃頒祀于邦國都家鄉邑者建

邦國而封之所謂大封其頒祀則及其都家與其鄉邑蕃諸侯之鄉與其子弟所食采亦謂之都書所謂簡恤爾都左氏傳所謂邑有先君之主曰都是也言告后土則告於社可知后土配食於社者也不告稷則大封土事稷無與焉禮之道施報而已以吉禮事邦國之鬼神示則施報之大者以凶禮哀邦國之憂則施報之急者能務施報以主天下之平則能賓諸侯一天下有不帥也軍禮於是乎用矣無敢不帥然後人得各保其常居而嘉禮行焉此五禮之序也禮

之行有以賢治不肖有以貴治賤正之以九儀則尚賢以治不肖貴貴以治賤也等之以六瑞則又各使之上同等之以六摯則又各使之自致人各上同而自致則禮出於一而上下治外作器以通神明之德內作德以正性命之精禮之道於是爲至禮至矣則樂生焉以禮樂合天地之化百物之產則宗伯之事於是爲至夫然後可以相王之大禮而攝其事贊王之大事而頒其政

小宗伯之職掌建國之神位右社稷左宗廟兆五帝於

四郊四望四類亦如之兆山川丘陵墳衍各因其方掌五禮之禁令與其用等辨廟祧之昭穆辨吉凶之五服車旗宫室之禁掌三族之别以辨親疏其正室皆謂之門子掌其政令毛六牲辨其名物而頒之於五官使共奉之辨六齍之名物與其用使六宫之人共奉之辨六彝之名物以待果將辨六尊之名物以待祭祀賓客掌衣服車旗宫室之賞賜掌四時祭祀之序事與其禮若國大貞則奉玉帛以詔號大祭祀省牲眂滌濯祭之日逆齍省鑊告時于王告備于王凡祭祀賓客以時將瓚

果詔相祭祀之小禮凡大禮佐大宗伯賜卿大夫士爵則儐小祭祀掌事如大宗伯之禮大賓客受其將幣之齎若大師則帥有司而立軍社奉主車若軍將有事則與祭有司將事于四望若大甸則帥有司而饁獸于郊遂頒禽大裁及執事禱祠于上下神示王崩大肆以秬鬯渳及執事涖大斂小斂帥異族而佐縣衰冠之式于路門之外及執事眡葬獻器遂哭之卜葬兆甫竁亦如之既葬詔相喪祭之禮成葬而祭墓爲位凡王之會同軍旅甸役之禱祠肄儀爲位國有禍裁則亦如之凡天

地之大烖類社稷宗廟則爲位凡國之大禮佐大宗伯
凡小禮掌事如大宗伯之儀
右陰也地道之所尊故右社稷左陽也人道之所鄉
故左宗廟位宗廟於人道之所鄉則不死其親之意
兆五帝於四郊尊之也兆山川丘陵墳衍各因其方
賓之也以尊而遠之也知宗廟之爲親以賓而外之
也知社稷之爲主各於其郊各因其方則猶鬼神示
之居以方類也辨廟祧之昭穆者昭以察下爲義穆
以敬上爲義正室謂之門子者以其當室故謂之正

室以其當門故謂之門子毛六牲辨其名物而頒之于五官使共奉之者六牲天產故也辨六齍之名物使六宮之人共奉之者六齍地產故也辨六彝之名物以待祼將辨六尊之名物以待祭祀賓客者尊彝皆以待祭祀賓客於彝言祼將於尊言祭祀賓客相備也言彝祼將則尊酌獻可知也尊酌以獻居其所而爵者從之故謂之尊彝酌以祼求諸陰而已陰有常而無變故謂之彝冪人先尊後彝彝卑而尊尊故也今此先彝者以言其用用則先彝矣若國大貞則

奉玉帛以詔號者大貞卜大事而貞之貞與書所謂我二人共貞同義饎獸於郊者還舍於郊以獸饎田眾也言獸則饎眾宜用大焉小宗伯之職始於建社稷宗廟諸神之祀節莫差於僭僭莫重於祀故以季氏而旅於泰山孔子病之掌五禮之禁令與其用等則以防僭故也用等之不同有尊卑焉於是乎辨廟祧之昭穆有貴賤焉於是乎辨五服車旗宮室之禁有親疏焉於是乎掌三族之別以辨親疏尊卑貴賤親疏分守已明然後人得保其祭祀祭祀有宗所謂

門子是也於是乎掌門子之政令門子以族得民者也得其門子斯得其民矣得其民然後王之禮有與共其物奉其事於是乎辨牲齍尊彝之名物以待祭祀賓客上有以共其物奉其事則下亦宜有焉於是乎掌衣服車旗宮室之賞賜上下皆有以共其物奉其事則以時秩其事用其禮而已於是乎掌四時祭祀之序事與其禮用其禮則亦有序事矣既建社稷宗廟諸神之祀於是乎詔號既辨六牲之名物於是乎省牲既辨六齍之名物於是乎逆齍若夫滌濯省

鑊告時告備則各附其事時言之而已既辨六彝之名物於是乎將瓚祼若夫爵之事則有宰尸之故不列於此既掌四時祭祀之序事與其禮於是乎詔相大祭祀之小禮凡大事佐大宗伯小祭祀掌事如大宗伯之禮既掌衣服車旗宮室之賞賜於是乎王爵卿大夫則儐儐列於小祭祀掌事之上則小祭祀之禮卑於爵卿大夫故也既待賓客以六彝以時將瓚祼於是乎受大賓客將幣之齎禮之道務施報而已受將幣之齎則邦國享王而施報之禮成矣大師大

甸大裁之禮則以待變事而已大肆歛葬喪祭之禮則以待終事而已夫禮以事天地鬼神建保邦國防患弭災爲終始故以禱祠及類肆儀爲位終焉又曰凡國之大禮佐大宗伯小禮掌事如大宗伯之儀則事多故矣禮多儀矣唯其以時物也小宗伯之禮事不盡於上所言故凡以該之

周官新義卷八

譚瑩玉生覆校

周官新義卷九

宋　王安石　譔

春官二

肆師之職掌立國祀之禮以佐大宗伯立大祀用玉帛牲牷立次祀用牲幣立小祀用牲以歲時序其祭祀及其祈珥

祈若大祝所謂六祈珥若小子所謂珥于社稷

大祭祀展犧牲繫于牢頒于職人凡祭祀之卜日宿爲期詔相其禮眡滌濯亦如之祭之日表齍盛告絜展器

陳告備及果築鬱相治小禮誅其慢怠者

職人者謂職其事之人展器陳者器及陳皆展之小宗伯告備于王則肆師告備于小宗伯矣禮有告其有告備具則有所不備焉備則非特具而已

掌兆中廟中之禁令凡祭祀禮成則告事畢大賓客涖筵几築鬻贊果將大朝覲佐儐共設匪罋之禮饗食授祭與祝侯禳于畺及郊

事畢於禮成故禮成則告事畢授祭授賓祭也蓋王祭則膳夫授之侯以候之禳以御之于畺及郊則遠

或至壘近止於郊

大喪大渳以鬯則築鬻令外内命婦序哭禁外内命男女之衰不中灋者且授之杖凡師甸用牲于社宗則爲位類造上帝封于大神祭兵于山川亦如之

鄭氏謂社軍社宗遷主遷可以謂之祖亦可以謂之宗謂之宗則以其繼太祖故也類造蓋皆祭名封于大神則巡守方岳因高封之柴祭天也祭兵于山川若武成告所過名山大川類造在行始封及祭兵在行後此其言之序

凡師不功則助牽主車

師以民用命有功以神依之爲助不功則掌邦政與立國祀者任其事故大司馬奉主車肆師助牽焉

凡四時之大甸獵祭表貉則爲位嘗之日涖卜來歲之芟獮之日涖卜來歲之戒社之日涖卜來歲之稼若國有大故則令國人祭歲時之祭祀亦如之凡卿大夫之喪相其禮凡國之大事治其禮儀以佐宗伯凡國之小事治其禮儀而掌其事如宗伯之禮

國之遭故其歲時祭祀皆待上令則其祀事節矣

鬱人掌祼器凡祭祀賓客之祼事和鬱鬯以實彝而陳之凡祼玉濯之陳之以贊祼事詔祼將之儀與其節凡祼事沃盥大喪之渳共其肆器及葬共其祼器遂貍之

大祭祀與量人受舉斝之卒爵而飲之

與量人受舉斝之卒爵而飲之者舉斝禮記所謂舉斝角詔妥尸也卒爵若儀禮所謂皇尸卒爵也斝先王之爵唯王禮用焉於舉斝也量人與鬱人受其卒爵而飲之也受舉斝之卒爵而飲之明與之同其事則與之同其福必與量人者鬱人贊祼量人制從獻

之脯燔故也

鬯人掌共秬鬯而飾之凡祭祀社壝用大罍禜門用瓢齎廟用脩凡山川四方用蜃凡祼事用概凡疈事用散

雩禜所以除害門所以禦暴除害禦暴皆所以養人甘瓠則有養人之美道以之爲瓢又中虛爲善容亦有門之象易以艮爲門闕八音以艮爲瓢爵之意此條見鄭氏鍔引王安石說又解廟用脩曰王安石以脩爲飾之義是也今本亦佚

大喪之大渳設斗共其釁鬯凡王之齊事共其秬鬯凡王弔臨共介鬯

大喪之大渳設斗共其釁鬯者設斗為渳也共其釁鬯則既以鬯渳又以釁

雞人掌共雞牲辨其物大祭祀夜嘑旦以嘂百官凡國之大賓客會同軍旅喪紀亦如之凡國事爲期則告之時凡祭祀面禳釁共其雞牲

辨其物鄭氏謂陽祀用騂陰祀用黝夜嘑旦以嘂百官鄭氏謂警使夙興鄭氏鍔曰王安石謂雞於十二辰屬酉於二十八宿屬昴而反列於春官盖雞之爲物向陰伏向陽鳴主於司晨日之晨猶歲之春則雞東方之畜案此條今本佚

司尊彝掌六尊六彝之位詔其酌辨其用與其實春祠

夏禴祼用雞彝鳥彝皆有舟其朝踐用兩獻尊其再獻用兩象尊皆有罍諸臣之所昨也秋嘗冬烝祼用斝彝黄彝皆有舟其朝獻用兩著尊其饋獻用兩壺尊皆有罍諸臣之所昨也凡四時之閒祀追享朝享祼用虎彝蜼彝皆有舟其朝踐用兩大尊其再獻用兩山尊皆有罍諸臣之所昨也

朝踐者籩人醢人所謂朝事也踐踐籩豆詩所謂籩豆有踐是也再獻者籩人醢人所謂饋食也以朝事為初獻則饋食為再獻矣朝獻即朝踐也以籩豆言

之則曰踐以爵言之則曰獻相備也饋獻卽再獻也以序言之則曰再以物言之則曰饋亦相備而已閒祀追享朝享禘祫也禘祫非四時常祀也故謂之閒祀禘及祖所自出故謂之追享祫自喪除朝廟始故謂之朝享彝皆有舟尊皆有罍爲酒戒也罍爲雲靁之象焉故謂之罍舟所受過量則沈溺靁能作陽氣以澤物然作而不節更以害之

凡六彝六尊之酌鬱齊獻酌醴齊縮酌盎齊涚酌凡酒脩酌大喪存奠彝大旅亦如之

縮酌以茅縮而後酌也涗酌以酒涗而後酌也鬱齊不縮也獻之而已故曰獻酌醴齊不涗也縮之而已故曰縮酌盎齊不脩也涗之而已故曰涗酌

司几筵掌五几五席之名物辨其用與其位凡大朝覲大饗射凡封國命諸侯王位設黼依依前南鄉設莞筵紛純加繅席畫純加次席黼純左右玉几祀先王昨席亦如之諸侯祭祀席蒲筵繢純加莞席紛純右彫几昨席莞筵紛純加繅席畫純筵國賓于牖前亦如之左彤几甸役則設熊席右漆几凡喪事設葦席右素几其柏

席用萑黼純諸侯則紛純每敦一几凡吉事變几凶事仍几

莞筵紛純皆成以全體道之質也繅席則加藻飾焉而畫純則襍種色以章之德之文也次席則以次列成文黼純則以斷割爲義事之制也左右玉几則左右所馮皆德焉王德備此故大朝覲饗射封國命諸侯祀先王受酢壹用此而已蒲筵則以柔從爲體繢純則采物有所受之以柔從爲體則雖貴而不驕采物有所受之則雖富而不溢此諸侯所以保其國而

爲祭主也加莞席紛純則致道之質焉所以祀也莞筵紛純加繅席畫純則致道之質以成祀事成德之自外作故筵國賓于牖前亦如之也夫承賓事之大則猶承神也故大饗之禮唯不入牲他皆如祭祀而大賓客不見凶服刑人則亦如祭祀焉用其至故也然祭祀及昨異席則其致道也僅成祀而已無黼依無次席黼純則離於事然後能致道非王德矣夫繢純繢而後純則以諸侯采物有所受之畫純純而後畫而諸侯昨席用焉則諸侯雖以謹度爲孝亦制節

故也右彫几則以義爲主彫刻制之文所以成義義陰也故右几左形几則以禮爲主形文明之物所以合禮禮陽也故左几筵國賓不設几則几尊者所馮嫌以尊加焉祭祀則不嫌故也甸役設熊席則用殺以治衆也右漆几則漆貞固之物貞固所以幹事幹事知也知陰也故右几

天府掌祖廟之守藏與其禁令凡國之玉鎭大寶器藏焉若有大祭大喪則出而陳之既事藏之凡官府鄉州及都鄙之治中受而藏之以詔王察羣吏之治上春釁

寶鎮及寶器凡吉凶之事祖廟之中沃盥執燭季冬陳
玉以貞來歲之媺惡若遷寶則奉之若祭天之司民司
祿而獻民數穀數則受而藏之

典瑞掌玉瑞玉器之藏辨其名物與其用事設其服飾
王晉大圭執鎮圭繅藉五采五就以朝日公執桓圭侯
執信圭伯執躬圭繅皆三采三就子執穀璧男執蒲璧
繅皆二采再就以朝覲宗遇會同于王諸侯相見亦如
之瑑圭璋璧琮繅皆二采一就以頫聘四圭有邸以祀
天旅上帝兩圭有邸以祀地旅四望祼圭有瓚以肆先

王以祼賓客圭璧以祀日月星辰璋邸射以祀山川以造贈賓客土圭以致四時日月封國則以土地珍圭以徵守以卹凶荒牙璋以起軍旅以治兵守璧羨以起度駔圭璋璧琮琥璜之渠眉疏璧琮以斂尸穀圭以和難以聘女琬圭以治德以結好琰圭以易行以除慝大祭祀大旅凡賓客之事共其玉器而奉之大喪共飯玉含玉贈玉凡玉器出則共奉之

故書珍爲鎮當從故書以鎮爲正王晉大圭執鎮圭繅藉五采五就以朝日者圭之所象道之用也大圭

杼上終葵首則其用也卽其體而已此其所以爲大也故王晉之晉之服之也鎭圭則四方鎭焉萬物養焉仁而已故王執之繅藉則內王之貞剛而以柔順藉焉五采則備德之文五就則成德之事以朝日則王之朝日猶諸侯之相見也諸侯相見以朝覲宗遇會同于王之器則王之朝日以祀天旅上帝之器宜矣言以朝日則以祀天旅上帝可知也公執桓圭則以仁爲體彊直有以立上承而不下庇之德歸之上其立也不孤焉公之所執也侯執信圭則以仁爲體

尊而不詘伯執躬圭則以仁爲體卑而不信繅皆三采三就則德之殺也子執穀璧則以善養人而已男執蒲璧則以順安人而已繅皆二采再就則德之殺也以朝覲宗遇會同于王而諸侯相見亦如之則君子自敵以上皆用其至焉瑑圭璋璧琮繅皆二采一就以頫聘者圭璋璧琮皆瑑焉則異於禮神之物二采則非二采不成爲德一就則僅成事而已頫聘臣之禮故也四圭有邸則四圭而宿一邸也兩圭有邸則兩圭而宿一邸也祼圭有瓚則以圭爲柄也圭璧

則以璧爲邸也璋邸射則璋宿于邸若射之貫焉日月星辰以璧爲邸則四圭邸璧可知也四圭邸璧則兩圭邸琮可知也兩圭邸琮則璋邸琮亦可知也自山川以上皆稱祀神之也神之則其器所象皆其所託而宿故稱邸焉圭璧不言邸而知其爲邸則以璋邸知之也四圭所象則天之利用無所不達兩圭所象則地之利用能載而已圭所象則陽之生物璋所象則陰之成事若射之貫則山川通氣故也旅上帝旅四望則會而旅焉故所象與天地同德國主山川

而保之故造贈賓客與山川同物也祼圭有瓚以肆先王則羞其肆而祼焉猶賓客之祼也圭以致其用瓚以贊其事祼非正禮故也土圭以測土深故謂之土圭以致四時日月則冬夏以致日春秋以致月封國以土地則度地之廣袤焉鎮圭王瑞也四方鎮焉萬物養焉故以徵諸侯以恤凶荒牙璋所象陰之成事而有噬嗑之用焉故以起軍旅以治兵守璧羨爲璧而羨之也以起度則度尺以爲度度在樂則起於黃鍾之長在禮則起於璧羨先王以爲度之不存則

禮樂之文熄故作此使天下後世有考焉駔圭璋璧琮琥璜之渠眉疏璧琮以斂尸則六物皆爲渠眉璧琮又疏焉左右手足腹背各以其物會而斂也穀圭葢如穀璧之文以善爲義故以和難以聘女琬圭葢圜其鋭以順爲義故以治德以結好琰圭葢剡其末有戈兵之象故以易行以除慝易行則威讓文告而已除慝則有誅伐之事焉

典命掌諸侯之五儀諸臣之五等之命上公九命爲伯其國家宮室車旗衣服禮儀皆以九爲節侯伯七命其

國家宫室車旗衣服禮儀皆以七爲節子男五命其國家宫室車旗衣服禮儀皆以五爲節王之三公八命其卿六命其大夫四命及其出封皆加一等其國家宫室車旗衣服禮儀亦如之

公侯伯子男之命以九以七以五皆陽數人君故也公卿大夫之命以八以六以四皆陰數人臣故也自三命以下則已卑故雖陽數亦以命人臣而已

凡諸侯之適子誓于天子攝其君則下其君之禮一等未誓則以皮帛繼子男公之孤四命以皮帛眡小國之

君其卿三命其大夫再命其士一命其宮室車旗衣服禮儀各眡其命之數侯伯之卿大夫士亦如之子男之卿再命其大夫一命其士不命其宮室車旗衣服禮儀各眡其命之數

適子攝其君則君或多疾故也孤執皮帛諸侯之適子未誓則以皮帛繼子男公之孤以皮帛眡小國之君摯用帛唯此而已然書所謂三帛者此與其士不命而曰各眡其命之數蓋雖不命亦眡一命之數焉

司服掌王之吉凶衣服辨其名物與其用事王之吉服

祀昊天上帝則服大裘而冕祀五帝亦如之享先王則袞冕享先公饗射則鷩冕祀四望山川則毳冕祭社稷五祀則希冕祭羣小祀則元冕

祀昊天上帝則大裘而冕祀五帝亦如之者大裘無經緯之文無繪繡之功其色則復乎至幽而已羣而不黨則又由天道而公焉致恭以有禮則事至尊之道也故以祀昊天爲稱祀五帝亦如之而已五帝之爲德則旣有所分矣裘不可徒服葢亦服袞故禮記言郊之祭王被袞以象天也冕後方而前圓後仰而

前俛元表而朱裏後方者不變之體前圓者無方之用仰而元者升而辨於物俛而朱者降而與萬物相見曰冕則以其與萬物相見名之也夫璧以圓爲體而冕以方爲體者以方爲體則以圓爲用以圓爲體則以銳爲用以銳爲用非道之全也故執之而已享先王則袞冕享先公饗射則鷩冕祀四望山川則毳冕祭社稷五祀則希冕祭羣小祀則元冕者各稱其事而已先公之尊也而所服止於鷩冕非卑之於先王以爲祭則各以其服授尸尸服如是而王服袞以

臨之則非所以爲敬故弗敢也饗射亦用鷩冕者饗射殺於朝覲故朝覲服衮而饗射服鷩饗射下廿三字據義疏增祭社稷五祀所服止於希冕則亦非卑之於饗射也以爲社稷五祀之所上止於利人故衣粉米而已以書考之古人之象凡十二章葢一陰一陽之謂道道之在天日月以運之星辰以紀之其施於人也仁莫尙焉無爲而仁者山也仁而不可知者龍也仁藏於不可知而顯於可知者禮也禮者文而已其文可知者華蟲也凡此皆德之上故繪而在上宗彝則虎蜼

之彝虎義也蜼智也象之於宗彝則又以能常奉宗廟爲孝焉柔順清潔可以薦羞者藻昭明齊速可以亨飪者火藻也火也則所以致其孝米養人也粉之然後利散而均焉養人而已而無斷以制之非所謂知柔剛黼則所以爲斷也用斷不可以無辨黻則所以爲辨也凡此皆德之下故絺繡而在下然辨物者德之所成終始也至周登三辰於旗而登龍於山則作服九章而已蓋於是時其爲正也純矣則其於天道也志之而已袞冕則九章之服公所服也而王亦

服焉故文從公衣而章從章從上下通也鷩冕則七章之服蓋自華蟲而下故謂之鷩也毳冕則五章之服蓋自虎蜼而下故謂之毳也希冕則三章之服蓋其章粉米而已故謂之希元冕則裳黻而已其章不足道也故稱衣之元焉凡六冕之服其衣皆元其裳皆纁德成而上事成而下之意以元爲德則非以接事也此注疑衍章從二字

凡兵事韋弁服眂朝則皮弁服凡甸冠弁服凡凶事服弁服凡弔事弁經服

韋弁違物性而制之質而已矣故兵事韋弁服其染赤爲之則以宣布著盡爲義皮弁順物性而制之文質具焉故眡朝皮弁服其用鹿皮爲之則以知撥其類爲義冠弁元冠也兵則有事矣故尚赤甸則未有事故尚元

凡喪爲天王斬衰爲王后齊衰王爲三公六卿錫衰爲諸侯緦衰爲大夫士疑衰其首服皆弁絰大札大荒大烖素服

爲天王斬衰者王臣及諸侯也謂之天王則以王爲

天故也明不以王爲天則弗服矣故諸侯之大夫自

天其君則爲王緦衰而已

公之服自衮冕而下如王之服侯伯之服自鷩冕而下

如公之服子男之服自毳冕而下如侯伯之服孤之服

自希冕而下如子男之服卿大夫之服自元冕而下如

孤之服其凶服加以大功小功士之服自皮弁而下如

大夫之服其凶服亦如之其齊服有元端素端凡大祭

祀大賓客共其衣服而奉之大喪共其復衣服斂衣服

奠衣服廞衣服皆掌其陳序

周官新義卷九　　十五　　粤雅堂叢書

典祀掌外祀之兆守皆有域掌其禁令若以時祭祀則帥其屬而脩除徵役于司隸而役之及祭帥其屬而守其厲禁而蹕之

鄭氏謂外祀所祀於四郊域兆表之域守則守其兆域也

守祧掌守先王先公之廟祧其遺衣服藏焉若將祭祀則各以其服授尸其廟則有司脩除之其祧則守祧黝堊之既祭則藏其隋與其服

其遺衣服藏於廟祧若將祭祀則各以其服授尸所

以依神隋肉謂之隋隋蓋尸祭之餘此注據訂義增

世婦掌女宮之宿戒及祭祀比其具詔王后之禮事帥六宮之人共齍盛相外內宗之禮事大賓客之饗食亦如之大喪比外內命婦之朝莫哭不敬者而苛罰之凡王后有㨫事于婦人則詔相凡內事有達于外官者世婦掌之

內宗掌宗廟之祭祀薦加豆籩及以樂徹則佐傳豆籩賓客之饗食亦如之王后有事則從大喪序哭者哭諸侯亦如之凡卿大夫之喪掌其弔臨

世婦言掌弔臨于卿大夫之喪則王或使焉乃往內宗言凡卿大夫之喪掌其弔臨則凡喪皆往亦同族故也

外宗掌宗廟之祭祀佐王后薦玉豆眡豆籩及以樂徹亦如之王后以樂羞齍則贊凡王后之獻亦如之王后不與則贊宗伯小祭祀掌事賓客之事亦如之大喪則敘外內朝莫哭者哭諸侯亦如之

內宗同族故薦加豆籩外宗異族故佐贊后及宗伯而已內宗大喪敘哭者則與宮中之哭者敘焉外宗

敘內外朝莫哭者則敘內女外婦之敘哭也

冢人掌公墓之地辨其兆域而爲之圖先王之葬居中以昭穆爲左右凡諸侯居左右以前卿大夫士居後各以其族凡死于兵者不入兆域凡有功者居前以爵等爲丘封之度與其樹數

死政者養其老孤而又饗之所以勸也凡死於兵者不入兆域則絀于死政焉恭勸之以明其有義絀之以明其非孝欲人兩得之而已必於葬絀之則父母全而生之子全而歸之然後爲孝故也以昭穆爲左

右各以其族尚親也凡死於兵者不入兆域尚德也凡有功者居前尚功也以爵等爲丘封之度與其樹數尚貴也蓋先王所以治死者如此

大喪既有日請度甫竁遂爲之尸及竁以度爲丘隧共喪之窆器及葬言鸞車象人及窆執斧以涖遂入藏凶器正墓位蹕墓域守墓禁凡祭墓爲尸凡諸侯及諸臣葬於墓者授之兆爲之蹕均其禁

凡祭爲尸皆取所祭之類故宗廟之尸則以其昭穆之同山林之尸則以山虞竁墓之尸則以冢人言鸞

車象人者言之於隧使知有焉正墓位則正其所居左右前後蹕墓域則若墓大夫之巡墓厲守墓禁則若墓大夫居其中之室以守之授之兆則死自竁室

訂義引作授之兆則使之自竁室

均其禁則均地守焉

墓大夫掌凡邦墓之地域爲之圖令國民族葬而掌其禁令正其位掌其度數使皆有私地域凡爭墓地者聽其獄訟帥其屬而巡墓厲居其中之室以守之

墓大夫徒二百人豈不多哉然邦墓地域禁令度數皆掌焉帥其屬巡墓厲而居其中之室以守之則與

夫後世人自求地家自置守富則僭而不忌貧則無所歸葬掘墓盜尸斬木之獄不絶於有司其爲利害煩省異矣

職喪掌諸侯之喪及卿大夫士凡有爵者之喪以國之喪禮涖其禁令序其事凡國有司以王命有事焉則詔贊主人凡其喪祭詔其號治其禮凡公有司之所共職喪令之趣其事

有司以王命有事于諸侯則謂之國有司言國以別侯國也以公物共私喪則謂之公有司公有司之所

共則非國矣職無三公之喪則上言諸侯下卿大夫士又言凡有爵者包三公矣

周官新義卷九

譚瑩玉生覆校

周官新義卷九

周官新義卷十

宋　王安石　譔

春官三

大司樂掌成均之灋以治建國之學政而合國之子弟焉凡有道者有德者使教焉死則以爲樂祖祭于瞽宗言建國之學政者凡建國則有學焉禮記曰於成均以及取爵於上尊又曰禮在瞽宗則成均瞽宗皆學名教學之道成其虧均其過不及而已謂之成均義葢取此瞽宗葢言主於樂教瞽之所宗大司樂治建

國之學政則以合國子弟而已其敎則使有道有德者焉死祭於瞽宗則主以樂敎故也

以樂德敎國子中和祗庸孝友

中庸三德所謂至德和六德所謂和孝三德所謂孝祗則順行之所成友則友行之所成也行自外作立之以禮德由中出成之以樂立之以禮則爲順行友行成之以樂則爲祗德友德蓋事師長所以成敬不言敬而言祗則敬之在樂必達而爲祗故也中所以本道之體其義達而爲和其敬達而爲祗能和能祗

則庸德成焉庸言之信庸行之謹在易之乾所謂君德故繼之以孝孔子曰聖人之德又何以加于孝乎友則樂德所成終始聖人之德無以加于孝則孝與聖何以異曰聖人之於人道也孝而已聖人之於天道則孝不足以言之此孝與聖所以異聖人之德無以加于孝而孝於三德爲下則三德之孝以知逆惡而已樂德之孝成於樂者也諸侯之孝不預焉非特以知逆惡已也

以樂語教國子興道諷誦言語

道謂道道其事諷所以動之誦則以言

以樂舞教國子舞雲門大卷大咸大磬大夏大濩大武

先王之樂多矣大司樂用以教國子此則六樂而已

雲門大卷則所謂雲門大咸則所謂咸池大磬則所

謂九磬謂之九磬蓋以其九成

以六律六同五聲八音六舞大合樂以致鬼神示以和

邦國以諧萬民以安賓客以說遠人以作動物

六律六同所以考五聲五聲所以成八音八音所以

節六舞六舞所以大合樂大合樂則幽足以致鬼神

元明足以和邦國內足以諧萬民外足以安賓客遠足以說遠人微足以作動物致鬼神元作樂所先故易之豫言先王作樂曰殷薦之上帝以配祖考而已

作動物則樂之餘事

乃分樂而序之以祭以享以祀乃奏黃鍾歌大呂舞雲門以祀天神乃奏大蔟歌應鍾舞咸池以祭地元乃奏姑洗歌南呂舞大磬以祀四望乃奏蕤賓歌函鍾舞大夏以祭山川乃奏夷則歌小呂舞大濩以享先妣乃奏無射歌夾鍾舞大武以享先祖凡六樂者文之以五聲

播之以八音

分樂而序之則分律而序之自黃鍾以至無射分同而序之自大呂以至夾鍾分舞而序之自雲門以至大武以祭以享以祀則以祭地示以享人鬼以祀天神四望言祀蓋方望兼上下之神焉先以祭次以享次以祀則祭享祀雖有所分至用樂則於鬼神示皆備其物達其意致其道焉備其物則祭也達其義則享也致其道則祀也先妣在先祖之上則姜嫄也姜嫄特祀其後以為禖神禖神而序之先祖之上則先

祖之所自出故也分樂以祭以享以祀言所不及者
冢蓋其用也亦上下比義而已
凡六樂者一變而致羽物及川澤之示再變而致蠃物
及山林之示三變而致鱗物及丘陵之示四變而致毛
物及墳衍之示五變而致介物及土示六變而致象物
及天神
凡此六樂所致蓋皆合萬物而索饗之之時天曰神
地曰示物曰物所謂土示則原隰之示所謂象物則
在天成象者也羽物輕疾故致之易介物重遲故致

之難象物恍惚無形則其致之尤難川澤以下之屬虛故致之易以下之屬四字元本無據義疏增墳衍實故致之難天神遠人而尊則其致之尤難其餘所致先後葢其大致如斯而已

凡樂圜鍾爲宮黄鍾爲角大蔟爲徵姑洗爲羽靁鼓靁鼗孤竹之管雲和之琴瑟雲門之舞冬日至于地上之圜丘奏之若樂六變則天神皆降可得而禮矣

凡樂函鍾爲宮大蔟爲角姑洗爲徵南吕爲羽靈鼓靈鼗孫竹之管空桑之琴瑟咸池之舞夏日至于澤中之

方丘奏之若樂八變則地示皆出可得而禮矣
凡樂黃鍾爲宮大呂爲角大蔟爲徵應鍾爲羽路鼓路
鼗陰竹之管龍門之琴瑟九德之歌九磬之舞于宗廟
之中奏之若樂九變則人鬼可得而禮矣
圜丘正東方之律帝與萬物相見於是出焉天無乎
不覆求天神而禮之則其樂之宮宜以帝所出之方
而已故以圜鍾爲宮函鍾西南方之律萬物於是致
養乎地地無乎不載求地示而禮之則其樂之宮宜
以物致養之方而已故以函鍾爲宮黃鍾正北方之

律也萬物於是藏焉死者之所首也鬼無乎不之求人鬼而禮之則其樂之宫宜以死者所首之方而已故以黄鍾爲宫三宫如此其他則以聲類求之各有所宜天神孤竹之管則以陽爲奇地示孫竹之管則以陰爲重爲小人鬼在宗廟又致以冬之日至而陰竹之管則凡聲陽也又用陽竹之管則純於陽矣非所以致鬼於此謂之九磬盖宗廟九變以磬九成故也然則圜丘方丘六變八變亦各以其樂成與

凡樂事大祭祀宿縣遂以聲展之王出入則令奏王夏

尸出入則令奏肆夏牲出入則令奏昭夏帥國子而舞大饗不入牲其他皆如祭祀大射王出入令奏王夏及射令奏騶虞詔諸侯以弓矢舞王大食三侑皆令奏鍾鼓王師大獻則令奏愷樂凡日月食四鎮五嶽崩大傀異烖諸侯薨令去樂大札大凶大烖大臣死凡國之大憂令弛縣

憂之日短則令去樂而已憂之日長則令弛縣焉異烖異而不大大烖大矣而不必異

凡建國禁其淫聲過聲凶聲慢聲大喪涖廞樂器及葬

藏樂器亦如之

樂師掌國學之政以教國子小舞凡舞有帗舞有羽舞有皇舞有旄舞有干舞有人舞

小舞則大卷大咸之屬旄舞則旄人所教之舞人舞則手舞而已

教樂儀行以肆夏趨以采齊車亦如之環拜以鍾鼓爲節凡射王以騶虞爲節諸侯以貍首爲節大夫以采蘋爲節士以采蘩爲節

凡射王以騶虞爲節者樂仁而殺以時諸侯以貍首

爲節者樂御而射以禮大夫以采蘋爲節者樂循灋
士以采蘩爲節者樂不失職采蘩取不遠於灋而已
在諸侯之義則爲能制節在士之義則爲足以循灋
葢非先王之灋言不敢言非先王之德行不敢行非
先王之灋服不敢服是爲卿大夫之孝非士所及故
樂循灋者大夫而樂不失職者士射士職也不言孤
卿則以射人見之
凡樂掌其序事治其樂正凡國之小事用樂者令奏鍾
鼓凡樂成則告備詔來瞽臯舞及徹帥學士而歌徹令

相饗食諸侯序其樂事令奏鍾鼓令相如祭之儀燕射帥射夫以弓矢舞樂出入令奏鍾鼓凡軍大獻教愷歌遂倡之凡喪陳樂器則帥樂官及序哭亦如之凡樂官掌其政令聽其治訟

禮以陳爲備樂以奏爲備故禮則告備而後行禮樂則樂成而後告備詔來瞽臯舞詔瞽使來詔舞使綴令相令相瞽者使出凡喪陳樂器則陳而不作猶大喪之廞焉

大胥掌學士之版以待致諸子春入學舍采合舞秋頒

學合聲以六樂之會正舞位以序出入舞者比樂官展樂器凡祭祀之用樂者以鼓徵學士序宮中之事

以待致諸子者至則以待之不至則以致之春入學舍采則以始入學禮先師釋菜焉合舞則春貌之時故也秋頒學則以春始入學未知其分藝所宜至秋而可知也於是分授以所學合聲則秋言之時也書曰詩言志歌永言聲依永律和聲樂之聲以言爲本以六樂之會正舞位以序出入舞者則會六樂而舞之其列衆其變繁易亂而難治故也六聲有文舞焉

有武舞焉征誅揖讓之序盡此矣蓋其義則有孔子爲之三月不知肉味者非窮神知化孰能究此者故先王成人終始于此而已義疏序宮中之事王氏安石謂比國子宿衞宮中而學道藝案此注今本佚

小胥掌學士之徵令而比之觵其不敬者巡舞列而撻其怠慢者正樂縣之位王宮縣諸侯軒縣卿大夫判縣士特縣辨其聲凡縣鍾磬半爲堵全爲肆

肆師誅其怠慢者則祭以懲慢爲先小胥撻其怠慢者則學以懲怠爲急祭言誅之政也學言撻之教也

有司則加訶責學士則用教刑有司以下十二字據義疏增堵言
半半合是以爲宮肆言全全而後可肆也鄭氏謂宮
四面象宮室軒去其一面判又去其一面
大師掌六律六同以合陰陽之聲陽聲黄鍾大蔟姑洗
㽔賓夷則無射陰聲大呂應鍾南呂函鍾小呂夾鍾皆
文之以五聲宮商角徵羽皆播之以八音金石土革絲
木匏竹教六詩曰風曰賦曰比曰興曰雅曰頌以六德
爲之本以六律爲之音
風雅頌詩之體賦比興詩之用六德所謂中和祗庸

孝友也以六德爲之本故雖變猶止乎禮義以六律爲之音則書所謂聲依永律和聲

大祭祀帥瞽登歌令奏擊拊下管播樂器令奏鼓𣫭大饗亦如之大射帥瞽而歌射節

登歌下管則道以無所因爲上有所得爲下

大師執同律以聽軍聲而詔吉凶

詔吉凶使知所戒一體之盈虛通于天地應于萬物故占之以夢卜眂之以祲象聽之以同律皆得其詳焉

大喪帥瞽而廞作匶謚凡國之瞽矇正焉

史序事王行見于事故大史讀誄瞽掌樂王德成于樂故大師作謚謚成德之名也

小師掌教鼓鼗柷敔塤簫管絃歌大祭祀登歌擊拊下管擊應鼓徹歌大饗亦如之大喪與廞凡小祭祀小樂事鼓朄掌六樂聲音之節與其和

瞽矇掌播鼗柷敔塤簫管絃歌諷誦詩世奠繫鼓琴瑟掌九德六詩之歌以役大師

世奠繫當從故書世帝繫古書有謂之帝繫者此注據刪

翼增

眡瞭掌凡樂事播鼗擊頌磬笙磬掌大師之縣凡樂事相瞽大喪廞樂器大旅亦如之賓射皆奏其鍾鼓鼜愷獻亦如之

典同掌六律六同之和以辨天地四方陰陽之聲以爲樂器凡聲高聲䃂正聲緩下聲肆陂聲散險聲斂達聲贏微聲韽回聲衍侈聲筰弇聲鬱薄聲甄厚聲石凡爲樂器以十有二律爲之數度以十有二聲爲之齊量凡和樂亦如之

天地四方各有陰陽之聲是爲十有二聲辨十有二聲襍比而和之取中聲焉以爲樂器天地以下據刪翼增數本起於黃鍾始於一而三之歷十二辰而五數備其長則度之所起其餘律皆自是而生故凡爲樂器以十二律爲之數度硍聲生於高肆聲生於下甀聲生於薄石聲生於厚高下厚薄之所屬所制則有齊矣羸聲生於達衍聲生於回筰聲生於侈鬱聲生於弇達回侈弇之所屬所容則有量矣故凡爲樂器以十有二聲爲之齊量

磬師掌教擊磬擊編鍾教縵樂燕樂之鍾磬凡祭祀奏縵樂

鍾師掌金奏凡樂事以鍾鼓奏九夏王夏肆夏昭夏納夏章夏齊夏族夏祴夏驁夏凡祭祀饗食奏燕樂凡射王奏騶虞諸侯奏貍首卿大夫奏采蘋士奏采蘩掌鼙鼓縵樂

笙師掌教龡竽笙塤籥簫篪篴管舂牘應雅以教祴樂凡祭祀饗射共其鍾笙之樂燕樂亦如之大喪廞其樂器及葬奉而藏之大旅則陳之

鎛師掌金奏之鼓凡祭祀鼓其金奏之樂饗食賓射亦如之軍大獻則鼓其愷樂凡軍之夜三鼜皆鼓之守鼜亦如之大喪廞其樂器奉而藏之

鼓愷樂掌於鎛師者鎛師掌金奏之鼓其所掌樂金爲主軍以金止既勝矣欲戢兵之意

韎師掌教韎樂祭祀則帥其屬而舞之大饗亦如之

旄人掌教舞散樂舞夷樂凡四方之以舞仕者屬焉凡祭祀賓客舞其燕樂

籥師掌教國子舞羽歈籥祭祀則鼓羽籥之舞賓客饗

食則亦如之大喪廞其樂器奉而藏之

籥如篴三孔主中聲而上下律呂於是乎生大司樂涖廞樂器涖之而已眡瞭廞樂器則廞之者也笙師鎛師及此職廞其樂器則各自廞其官之器非若眡瞭掌大師之縣者也故言其以別之（大司樂以下據義疏增）

籥章掌土鼓豳籥中春晝擊土鼓歈豳詩以逆暑中秋夜迎寒亦如之凡國祈年于田祖歈豳雅擊土鼓以樂田畯國祭蜡則歈豳頌擊土鼓以息老物

土鼓禮記所謂蕢桴土鼓豳籥豳國之籥王業之起

本於豳樂之作本於籥始於土鼓逆暑迎寒祈年皆以本始民事息老物則息使復本反始故所擊者土鼓所歈者豳籥其章用豳詩焉豳雅豳頌謂之雅頌則非七月之詩蓋若九夏亡之矣中春晝書所謂日中陽於是而分故逆暑中秋夜書所謂宵中陰於是而分故迎寒（中春以下據删翼增）逆暑迎寒不言國而祈年息老物言國則祈年息老物通乎下故言國以別之田祖禮記所謂先嗇田畯禮記所謂司嗇司嗇本始民事施於有政者（田祖以下據訂義增）

鞮鞻氏掌四夷之樂與其聲歌祭祀則歙而歌之燕亦如之

典庸器掌藏樂器庸器及祭祀帥其屬而設筍虡陳庸器饗食賓射亦如之大喪廞筍虡

典庸器而掌藏樂器設筍虡者樂凡以象民功而筍虡則設業焉

司干掌舞器祭祀舞者既陳則授舞器既舞則受之賓饗亦如之大喪廞舞器及葬奉而藏之

大卜掌三兆之灋一曰玉兆二曰瓦兆三曰原兆其經

兆之體皆百有二十其頌皆千有二百掌三易之灋一曰連山二曰歸藏三曰周易其經卦皆八其別皆六十有四掌三夢之灋一曰致夢二曰觭夢三曰咸陟其經運十其別九十

占夢以歲時日月星辰占六夢之吉凶則所謂經運蓋歲時日月星辰之運此注據訂義增

以邦事作龜之八命一曰征二曰象三曰與四曰謀五曰果六曰至七曰雨八曰瘳

征行役討伐象天象變動與有所與謀有所謀果果

不（與否同）至至不雨雨不瘳瘳不征事大及衆故征爲先瘳不及衆私憂而已故瘳爲後象則天事之大雨則天事之小天事之大而在征後則天道遠人道邇故也先雨後瘳則雨及衆故也與先謀則有所與之宜慎甚於有所謀謀先果至則果既有爲也卜其果而已至既有行也卜其至而已

以八命者贊三兆三易三夢之占以觀國家之吉凶以詔救政

大卜以龜八命贊兆易夢之占而占人以八簭占頌

則占龜以簭夢合焉故洪範大疑謀及卜筮兩眡其從違以斷吉凶而武王曰朕夢協朕卜戎商必克吉凶之變休戚之情見於蓍龜動於四體見於蓍龜故取於朽骨之象枯莖之數動於四體故取於精神之寓䰟氣之交則龜蓍夢三者未嘗不相須以爲用焉洪範大疑謀及卜筮兩眡其從違以斷吉凶而武王曰朕夢協朕卜戎商必克大卜以八命贊三兆三易三夢之占則亦以龜筮夢合而占也八命者邦君之八命也以邦事卜之龜故用三兆之瀍以占之以邦

事簭之簭故用三易之灋以占之以邦事考之夢故用三夢之灋以占之作八命非特占之於龜亦驗之於筮叶之於夢而後已故有贊其占者焉蓋以三兆三易三夢爲正以言辭之命贊之而已如是則國家之吉者可以前知凶則詔王正厥事以救之也所謂救政者修政以救凶災也蓋吉凶之變雖出乎天而其所以感召之者實自乎人知凶而修政以救之則可以轉禍爲福矣古之人固有以人君之言善而致熒惑之退舍孰謂救政之不可爲與

凡國大貞卜立君卜大封則眂高作龜大祭祀則眂高命龜凡小事涖卜國大遷大師則貞龜凡旅陳龜凡喪事命龜

大封謂封國命諸侯八字據義疏增作龜者作其兆命龜者命以故貞龜者貞其兆之吉凶凡國大貞卜立君卜大封皆卜而貞之大祭祀國大遷大師凡喪事皆作而命之或言作或言命或言卜或言貞相備而已國大貞既言貞矣卜立君卜大封人事故於是言作龜焉大祭祀則聽於神而已故於是言命龜焉大遷大

師其事在衆尤須人謀以貞爲主故於是言貞龜焉以貞爲主故成王征三監淮夷而庶邦君越庶士御事反曰王害不違卜也作龜必眡高者龜天産其兆象天事也凡旅陳龜葢陳而不作與陳樂器同

卜師掌開龜之四兆一曰方兆二曰功兆三曰義兆四曰弓兆凡卜事眡高揚火以作龜致其墨凡卜辨龜之上下左右陰陽以授命龜者而詔相之

龜人掌六龜之屬各有名物天龜曰靈屬地龜曰繹屬東龜曰果屬西龜曰靁屬南龜曰獵屬北龜曰若屬各

以其方之色與其體辨之凡取龜用秋時攻龜用春時各以其物入于龜室上春釁龜祭祀先卜若有祭事則奉龜以往旅亦如之喪亦如之

菙氏掌共燋契以待卜事凡卜以明火爇燋遂龡其焌契以授卜師遂役之

占人掌占龜以八簭占八頌以八卦占簭之八故以眡吉凶凡卜簭君占體大夫占色史占墨卜人占坼

簭有八故龜有八命命言所以令龜故言所以令簭或言故或言命相備也八簭則八故之簭八頌則八

命之頌八卦則八簭之卦卜人掌占龜也而以八簭占八頌以八卦占簭之八故以眡吉凶則以簭合而占焉占體占色占墨占坼皆占龜而曰凡卜簭則簭占體故也詩曰爾卜爾筮體無咎言簭占體於此見矣龜作之而坼坼而後墨與色可知卜人先占坼史占墨次之大夫占色又次之衆占備焉而後君占體以斷吉凶事之序也先言占體則以尊卑之序言之

凡卜簭既事則繫幣以比其命歲終則計其占之中否

繫幣以比其命者繫幣於龜簭而書所命以比之歲

終計其占之中否則以考官占龜矣

簭人掌三易以辨九簭之名一曰連山二曰歸藏三曰周易九簭之名一曰巫更二曰巫咸三曰巫式四曰巫目五曰巫易六曰巫比七曰巫祠八曰巫參九曰巫環以辨吉凶凡國之大事先簭而後卜上春相簭凡國事共簭

凡國之大事先簭而後卜者兼用卜簭而尊龜焉故後之上春相簭則簭有𡢃惡如龜矣

占夢掌其歲時觀天地之會辨陰陽之氣以日月星辰

占六夢之吉凶一曰正夢二曰噩夢三曰思夢四曰寤夢五曰喜夢六曰懼夢

人之精神與天地同流通萬物一氣也易曰乾道變化各正性命保合太和乃利貞故占夢掌其歲時觀天地之會辨陰陽之氣以日月星辰占六夢之吉凶掌其歲時則掌占夢之歲時而已寤夢若狐突夢太子申生正夢鄭氏謂平安自夢

季冬聘王夢獻吉夢于王王拜而受之乃舍萌于四方以贈惡夢遂令始難毆疫

問王夢而占之吉則獻王不吉則舍萌于四方以贈
焉吉凶有萌則見於夢故其贈也舍萌焉遂令始難
毆疫則内無釁然後自外至者可索而毆也
眡祲掌十煇之灋以觀妖祥辨吉凶一曰祲二曰象三
曰鑴四曰監五曰闇六曰瞢七曰彌八曰敘九曰隮十
曰想掌安宅敘降正歲則行事歲終則弊其事
物反爲妖兆見爲祥吉凶則妖祥之成事人不安宅
則眡祲掌以灋爲之安宅又爲敘其妖祥而降之若
保章氏降豐荒之祲象正歲則行事者行安宅敘降

之事歲終則弊其事者弊其正歲所行之事不言會
而言弊則不可會也弊之而已

周官新義卷十

譚瑩玉生覆校

周官新義卷十一

宋　王安石　譔

春官四

大祝掌六祝之辭以事鬼神示祈福祥求永貞一曰順祝二曰年祝三曰吉祝四曰化祝五曰瑞祝六曰筴祝順祝所謂順豐年年祝所謂逆時雨甯風旱吉祝所謂祈福祥化祝所謂弭烖兵遠辠疾瑞祝則若金縢植璧秉圭筴祝則金縢册祝是也遠辠疾所謂永貞餘皆所謂祈福祥而吉祝則非有所指求是以爲祈

福祥之正

掌六祈以同鬼神示一曰類二曰造三曰禬四曰禜五曰攻六曰說

類類上帝之屬造造于祖之屬禬禬國之凶荒民之札喪之屬禜禜春秋祭禜之屬攻以攻禜攻之之屬說以攻說禬之之屬

作六辭以通上下親疏遠近一曰祠二曰命三曰誥四曰會五曰禱六曰誄

命誥誄言其事之辭祠會禱言其辭之事

辨六號一曰神號二曰鬼號三曰示號四曰牲號五曰齍號六曰幣號

牲齍幣亦皆為之號禮之敬文也

辨九祭一曰命祭二曰衍祭三曰炮祭四曰周祭五曰振祭六曰擩祭七曰絶祭八曰繚祭九曰共祭

命祭禮記所謂若賜之食而君客之則命之祭然後祭周祭禮記所謂殽之序徧祭之振祭儀禮所謂取肝擩于醢振祭擩祭儀禮所謂取菹擩于醢祭于豆閒絶祭儀禮所謂右取肺左卻手執本坐弗繚右絶

末以祭共祭膳夫肆師所謂授祭唯衍炮繚祭無所經見然鄉飲酒禮言弗繚則祭有繚者矣

辨九𢷎一曰稽首二曰頓首三曰空首四曰振動五曰吉𢷎六曰凶𢷎七曰奇𢷎八曰褒𢷎九曰肅𢷎以享右祭祀

享尊在己上者右尊在己右者

凡大禋祀肆享祭示則執明水火而號祝隋釁逆牲逆尸令鍾鼓右亦如之來瞽令臯舞

號祝號祝號致焉而後祝祝也執明水火則明水火之爲物

致潔而清明大禋祀致其精以祀也肆享致其全以享也祭示致其察以祭也上所致如此而祝陳信於鬼神則其所誂宜以至潔而清明來瞽則樂師詔之大祝來之皋舞則樂師詔之太祝令之

相尸禮既祭令徹大喪始崩以肆鬯渳尸相飯贊斂徹奠言甸人讀禱付練祥掌國事

言甸人讀禱者於甸人讀禱則大祝言於匶使知焉

國有大故天烖彌祀社稷禱祠

彌與小祝所謂彌烖兵同義

大師宜于社造于祖設軍社類上帝國將有事于四望及軍歸獻于社則前祝大會同造于廟宜于社過大山川則用事焉反行舍奠

大師先社後祖陰事也大會同先廟後社陽事也

建邦國先告后土用牲幣禁督逆祀命者頒祭號于邦國都鄙

大宗伯言大封告后土今此言建邦國則唯建邦國爲大封矣逆祀命謂命之祀而弗祀非所命而祀焉頒祭號于邦國都鄙謂頒其所得用之祭號

小祝掌小祭祀將事侯禳禱祠之祝號以祈福祥順豐年逆時雨甯風旱彌烖兵遠辠疾大祭祀逆齍盛送逆尸沃尸盥贊隋贊徹贊奠凡事佐大祝大喪贊渳設熬置銘及葬設道齎之奠分禱五祀大師掌釁祈號祝

大師掌釁祈號祝者左氏傳所謂軍行祓社釁鼓祝奉以從也

有寇戎之事則保郊祀于社凡外內祭祀小喪紀小會同小軍旅掌事焉

保郊保神壝之在郊者社不在郊無事保祀之而已

喪祝掌大喪勸防之事及辟令啓及朝御匶乃奠及祖飾棺乃載遂御及葬御匶出宮乃代及壙說載除飾小喪亦如之掌喪祭祝號王弔則與巫前

勸防爲行匶也勸勸力防防傾虧辟辟殯啓啓菆塗朝朝廟奠奠匶以祝御匶則象其生時既御匶出宮後祝代之執事說載除飾爲將窆故也弔用巫祝臨死者故也

掌勝國邑之社稷之祝號以祭祀禱祠焉凡卿大夫之喪掌事而斂飾棺焉

勝國邑之社稷喪之類故喪祝掌其事
甸祝掌四時之田表貉之祝號舍奠于祖廟禰亦如之
師甸致禽于虞中乃屬禽及郊饁獸舍奠于祖禰乃斂
禽禂牲禂馬皆掌其祝號
舍奠于祖廟禰亦如之則出而時田故舍奠田亦以
遷祖行則奠以祖爲正故曰禰亦如之大祝造于祖
不言廟今此言廟者言奠不言廟則嫌奠于行主而
已及郊饁獸釋奠于祖禰不言廟則亦言禰非行主
可知也凡言師田師不必田田不必師今此言師甸

而其事皆田又何祝所掌則是用師以田而已小宗伯言頒禽于此言獮相備也禂牲禂馬許慎以禂爲禱牲馬之祭而引詩既伯既禂以釋之今詩禂爲禱則禂禱蓋同義

詛祝掌盟詛類造攻說禬禜之祝號作盟詛之載辭以敘國之信用以責邦國之劑信

於人也盟詛以要之於鬼神也類造攻說禬禜以求之此民之所不能免也先王與同患焉因爲典禮而置官以掌之弭亂救災於是乎在矣所載于盟詛之

書是謂國之信用有劑焉以信其約是謂邦國之劑
信

司巫掌羣巫之政令若國大旱則帥巫而舞雩國有大烖則帥巫而造巫恒祭祀則共匰主及道布及蒩館凡祭祀守瘞凡喪事掌巫降之禮

帥女巫也不言女則以女巫見之造巫恒造其所禳之恒事也恒久也其所造事災弭而後止焉非頃而已巫神所降故喪事有巫降之禮焉盡愛之道也

男巫掌望祀望衍授號旁招以茅冬堂贈無方無算春

招弭以除疾病王弔則與祝前

授號者授祭者以祭號旁招以茅者以茅招所祀四方之神以茅則與藉之用茅同意堂贈盇歲有事於堂而贈焉無方則唯巫之所之無筭則唯巫之所用招招福祥弭弭禍祟於喪祝言王弔則與巫前然後知其爲喪祝於男巫言王弔則與祝前然後知其爲

男巫

女巫掌歲時祓除釁浴旱暵則舞雩若王后弔則與祝前凡邦之大烖歌哭而請

女陰物舞陽事舞女以助達陰中之陽用巫則以接神故也國大旱則旱大灾又徧國焉故司巫帥舞旱暵則不至是也故女巫舞之而已歌以致神哭以祈哀

大史掌建邦之六典以逆邦國之治掌灋以逆官府之治掌則以逆都鄙之治凡辨灋者攷焉不信者刑之凡邦國都鄙及萬民之有約劑者藏焉以貳六官六官之所登若約劑亂則辟灋不信者刑之

司約掌邦國及萬民之約劑若大亂則六官辟藏其

不信者殺益六官所藏約劑有登于司約而藏焉大史又藏焉則以貳六官所藏及其所登者參之攷之故也者下七字據訂義增辟灋啓其書

正歲年以序事頒之于官府及都鄙頒告朔于邦國閏月詔王居門終月

歷日月以正歲年正歲年以序事序事以授時頒之于官府都鄙授事時也歲則馮相氏所謂十有二歲年則若春秋書年頒告朔亦授以事時也謂之告朔則諸侯以所頒藏于祖廟朔月則告廟而受行之月

日時有常而置閏無常無常者變也一闔一闢利用
出入有常者待是焉
大祭祀與執事卜日戒及宿之日與羣執事讀禮書而
協事祭之日執書以次位常辨事者攷焉不信者誅之
辨灋辟灋不信則刑之尊灋故也辨事則事有大小
不皆刑也故言誅之而已
大會同朝覲以書協禮事及將幣之日執書以詔王大
師抱天時與大師同車大遷國抱灋以前
大祭祀言與羣執事讀禮書而協事大會同朝覲言

以書協禮事祭祀所謂事卽禮事會同朝覲所謂書卽禮書相備而已抱天時謂抱以知天時之器抱天時以下據訂義增

大喪執纛以涖勸防遣之日讀誄凡喪事攷焉小喪賜謚凡射事飾中舍算執其禮事

鄭氏謂史讀誄大師帥瞽作謚王誄謚成于天道中形爲閭虎兕鹿之屬而鑿中以盛算明善射多算則能勝物而制之以爲用

小史掌邦國之志奠繫世辨昭穆若有事則詔王之忌

諱大祭祀讀禮灋史以書敘昭穆之俎簋大喪大賓客大會同大軍旅佐大史凡國事之用禮灋者掌其小事卿大夫之喪賜謚讀誄

父謂之昭子謂之穆父子相代謂之世世之所出謂之繫奠繫世以知其本所出辨昭穆以知其世序鄭氏謂小史敘俎簋以大史與羣執事讀禮灋爲節卿大夫之喪卽大史所謂小喪鄭氏所謂讀誄亦以大史賜謚爲節事相成

馮相氏掌十有二歲十有二月十有二辰十日二十有

八星之位辨其敘事以會天位冬夏至日春秋至月以辨四時之敘

敘事春作夏訛秋成冬易厥民析因夷隩之屬是也天位星鳥星火星昴星虛之屬是也馮相氏辨而會之義和之事也而以中士爲之則世及于此略天道詳人事矣

保章氏掌天星以志星辰日月之變動以觀天下之遷辨其吉凶以星土辨九州之地所封封域皆有分星以觀妖祥以十有二歲之相觀天下之妖祥

掌天星者掌天與星也所謂日月之變動五雲之物十有二風皆天也遷亦變動變動吉凶之所生然天不因人而成故仰以志星辰日月之變動俯以觀天下之遷辨其吉凶分星各有所主封域歲無常主異於分星故以其相觀天下之妖祥

以五雲之物辨吉凶水旱降豐荒之祲象以十有二風察天地之和命乖別之妖祥凡此五物者以詔救政訪序事

五雲之物或兆吉凶或兆水旱兆水旱故以其物降

荒豐之祲象使人知而爲備氣祥謂之祲形本謂之象以風察天地之和和則無事矣不和也則命乖別之妖祥焉乖別在人而妖祥先見於風則亦人與天地同流通萬物一氣故也豐荒之祲象言降乖別之妖祥言命皆命而降之也命謂名言之救政救凶荒乖別之政序事救政之事所當先後緩急詔以詔上訪以訪下

内史掌王之八枋之灋以詔王治一曰爵二曰祿三曰廢四曰置五曰殺六曰生七曰予八曰奪

謂之八枋之灋則其所掌者灋而已

執國灋及國令之貳以攷政事以逆會計掌敘事之灋

受納訪以詔王聽治

上以道制之下守以爲灋上以命使之下稟以爲令

敘事事治先後也納納言于上訪訪事于下受納則

受其所納之言受訪則受其所訪之對掌敘事之灋

所以詔聽其事受納訪所以詔聽其情

凡命諸侯及孤卿大夫則策命之凡四方之事書內史

讀之王制祿則贊爲之以方出之賞賜亦如之內史掌

書王命遂貳之

策竹爲之方木爲之命以爲之節故以策命之祿及賞賜則以仁之故以方出之名之曰方則有義存焉讀四方之事書次于策命之之後則事非命不立故也言書王命次于方出之之後則以命非祿及賞賜不行故也內史所掌始於八枋之灋蓋爵祿廢置生殺予奪無道揆無灋守而枋移于小人則何灋之能立何令之能行何治之能聽雖有爵祿賞賜適足誘天下而爲邪讀四方之事書則以納罔欺而已書王

命而藏之則以記過惡而已

外史掌書外令掌四方之志掌三皇五帝之書掌達書名于四方若以書使于四方則書其令

命後世所謂制也故內史書之令後世所謂詔也故外史書之外令國令也外史掌書之而內史執其貳謂之外令以別於女史之內令書名者字也字所以正名百物故謂之名此注據訂義增

御史掌邦國都鄙及萬民之治令以贊冢宰凡治者受灋令焉掌贊書凡數從政者

凡數從政者若今御史掌班簿此注據删翼增

巾車掌公車之政令辨其用與其旗物而等敘之以治其出入

掌公車之政令者自庶人乘役車以上皆非私車也辨其用與其旗物而等敘之以治其出入者等等其上下敘敘其先後則以治其出入是故有先路綴路次路之名焉

王之五路一曰玉路錫樊纓十有再就建大常十有二斿以祀金路鉤樊纓九就建大旂以賓同姓以封象路

朱樊纓七就建大赤以朝異姓以封革路龍勒條纓五就建大白以卽戎以封四衞木路前樊鵠纓建大麾以田以封蕃國

玉德之美故以祀金義之和故以賓同姓以封象義之辨故以朝異姓以封革義之制故以卽戎以封四衞蕃革而制之以扞外蔽内是乃所謂義之制也且戎路不革無以待敵謂之四衞故欲其扞外蔽内也木仁之質也故以田以封蕃國觀騶虞之詩則田事貴仁可知也蕃國不及以政則亦仁之而已且田路

不革無所戒故也大常象天有日月焉大旂象春有交龍焉大赤象夏正南方之物也大白象秋正西方之物也大麾象冬正北方之物也玉路德之美也大常則以道格之金路義之和也大旂則以仁接之象路義之辨也大赤則以禮示之革路義之制也大白則以義受之木路仁之施也大麾則以知服之自大旂以下其以封也爲賜而已非諸侯所建諸侯所建則皆旂而已亦非所謂大旂也故此諸旗義主於王而皆不以象諸侯之德言同姓以封而不言以封同

姓言異姓以封而不言以封異姓則嫌以賓獨賓同姓以朝獨朝異姓故也建大麾以田而司馬辨旗物之用不言者司馬所辨教治兵而已既教治兵遂以獮田於是建大麾焉

王后之五路重翟錫面朱總厭翟勒面繢總安車彫面鷖總皆有容蓋翟車貝面組總有握輦車組輓有翣羽蓋

后五路其制皆不可考然言翟則必以翟飾言輦則必以人輓自翟車以下皆有容蓋自翟車以上則皆

有握自輂車以上則皆有翣羽蓋服物上得兼下下不得兼上故也

王之喪車五乘木車蒲蔽犬𧜼尾櫜疏飾小服皆疏素車棼蔽犬𧜼素飾小服皆素藻車藻蔽鹿淺𧜼革飾駹車藿蔽然𧜼髤飾漆車藩蔽豻𧜼雀飾

喪車之制皆不可考然木車蔽𧜼櫜服皆疏則必始喪所乘素車蔽𧜼服皆素則少變而飾以素不皆疏矣蓋後車變而彌吉以至于喪除焉犬𧜼則以犬皮爲車幦尾櫜則以犬尾爲兵櫜疏飾則用素而疏素

飾則變疏而素小服則矢服之小者鹿淺複則以鹿之淺毛爲複革飾則又以其革飾焉然複則以然皮爲髹髤飾則飾以髤色豻複則以豻皮爲複雀飾則飾以雀色革不言色蓋如素車用素髤與雀不言物蓋如藻車用革木車尾櫜鄭氏以爲始喪君道尚微與書以虎賁百人逆子釗同意蓋素車去櫜藻車去服則宅宗久位定矣浸可以不戒也犬複則始宅宗之時先王之政不可變先王之器不可失當守而已故複用犬尾櫜則明其爲御之末小服則明其爲戒

之小鹿淺䄙則鹿之爲物知接其類始喪則與人辨稍吉則與人接其接之淺矣故䄙用鹿淺然䄙則然之爲物行有先後食有長幼喪事變而彌吉則將用禮焉故䄙用然豻䄙則豻夷犬也其守在夷方喪之時宅宗而已將卽吉則王政施焉將在四夷故䄙用豻䄙用豻則異于犬䄙尾櫜遠矣

服車五乘孤乘夏篆卿乘夏縵大夫乘墨車士乘棧車庶人乘役車凡良車散車不在等者其用無常凡車之出入歲終則會之凡賜闕之毀折入齎于職幣

夏篆以采篆飾車也夏縵則采而不篆墨車則墨而不采棧車則無飾矣考工記曰棧車欲弇飾車欲侈墨車以上皆飾車也役車鄭氏謂可載任器以共役然謂之乘則非特以載任器矣自役車以上皆有等者其用固有常餘或良或散唯所用而已自役車以下據訂義

增

大喪飾遣車遂廞之行之及葬執蓋從車持旌及墓嘑啓關陳車小喪共匶路與其飾

廞之於宮行之以適墓

歲時更續共其弊車大祭祀鳴鈴以應雞人

弊則更之闕則續之有須弊車爲用則共之

典路掌王及后之五路辨其名物與其用說若有大祭祀則出路贊駕說大喪大賓客亦如之凡會同軍旅弔于四方以路從

出路者或乘之或陳之

車僕掌戎路之萃廣車之萃闕車之萃苹車之萃輕車之萃凡師共革車各以其萃會同亦如之大喪廞革車大射共三乏

此五車者皆戎車故各有萃萃隊也戎路所謂革路廣車則左氏傳所謂乘廣闕車則左氏傳所謂游闕輕車則孫武所謂馳車苹車葢輜車有屛蔽者也各以其萃則其車之萃伍習睦焉訂義引作各以其萃以其車之萃伍睦焉言革車則五戎備廞焉

司常掌九旗之物名各有屬以待國事日月爲常交龍爲旂通帛爲旜雜帛爲物熊虎爲旗鳥隼爲旟龜蛇爲旐全羽爲旞析羽爲旌

自常以下凡九物而旗居其一謂之九旗則猶公侯

伯子男謂之諸侯旗之名則旂常旜物之屬旗之物則通帛雜帛之屬各有屬以待國事則自王以下各有屬建旗則使其屬視而從焉則凡以待國事謂國有祭祀師田賓客之事（十一字據義疏增）日月爲常天道之運也交龍爲旂君德之用也能升能降乃不能亢故爲交龍焉通帛爲旜純赤而已赤之爲色宣布著見於文從亶義可知矣雜帛爲物則兼赤白焉陰陽之義也熊虎爲旗義之屬也尚毅以猛鳥隼爲旟禮之屬也貴摯以速龜蛇爲旐和之屬也取完以果夫介

其所以完也夫盤其所以果也全羽爲旞以全而遂
之爲義析羽爲旌以析而旌之爲義
及國之大閱贊司馬頒旗物王建大常諸侯建旂孤卿
建旜大夫士建物師都建旗州里建旟縣鄙建旐道車
載旞斿車載旌
王建大常則志天道也諸侯建旂則志君德也孤卿
建旜則亶以事上也士建物則士雖賤亦物其所屬
焉物其所屬則一陰一陽曷可少哉然物莫不貴陽
而賤陰則帛之襍不如通之貴矣師都建旗則以毅

猛致其義州里建旟則以摯速致其禮縣鄙建旐則以完果致其智以完果致其智則所以戡其敵以摯速致其禮則所以衞其上以毅猛致其義則所以用其衆卑而遠者能戡其敵貴而近者能衞其上爲之將者能用其衆軍旅之事如斯而已所謂師都則孤卿也三孤一位而有師保傅之名大舉師則保傅從之矣此孤所以謂之師卿采邑爲都詩所謂都人則卿之有都者也此卿所以謂之都於其事上則謂之孤卿於其涖衆則謂之師都於其涖軍則又謂之軍

吏大司馬所謂軍吏載旗是也師都建旗及敎治兵則載旜焉以軍吏載旗故也州里州所里也五黨爲州州所建旟則建於州長之所里故曰州里建旟州言里縣鄙亦各建於其里可知也縣縣正鄙鄙師縣鄙建旐則遂官降鄉一等故也言州建旟而不言鄉所建則鄉大夫卿所謂師都是也言縣建旐而不言遂所建則遂大夫與州長皆中大夫且縣建旐則遂建旟可知也言州建旟而不言黨所建則黨正與縣正皆下大夫且州建旟則黨建旐亦可知也蓋軍自

旐以上乃有旗故鄉遂所建自鄙以上而已道車載旞則乘以朝焉以底天下之道全而遂之斿車載旌則乘以游焉以閱天下之故析而旌之葢王者朝無非道也游無非事也旌旞言載在車故也自旐以上言建則凡祭祀會同賓客建焉不必在車覲禮所謂上介皆奉其君之旂置于宮皆就其旂而立是也

皆畫其象焉官府各象其事州里各象其名家各象其號凡祭祀各建其旗會同賓客亦如之置旌門

官府事異所畫象其事則足以相別州里及家別無

異事故所畫象其名號以別之元作亦如之從訂義正師都州里縣鄙類也而州里居中焉言州里則師都縣鄙亦象其名從可知矣祭祀會同賓客各建其旗者衆之所會使各視旗而知所從焉置旌門則置之而已於是掌舍受而設焉

大喪共銘旌建廞車之旌及葬亦如之凡軍事建旌旗及致民置旗斃之旬亦如之凡射共獲旌歲時共更旌軍事則以旌旗作其衆且有進退故建之及致民則置之而已無所事建置者植之斃者仆之歲時共更

旌者弊則更之

都宗人掌都祭祀之禮凡都祭祀致福於國正都禮與其服若有寇戎之事則保羣神之壝國有大故則令禱祠既祭反命于國

家宗人掌家祭祀之禮凡祭祀致福國有大故則令禱祠反命祭亦如之掌家禮與其衣服宮室車旗之禁令

都宗人若有寇戎之事則保羣神之壝者以其掌都祭祀之禮故使與小祝保神壝之在外者焉小祝言保郊此言保羣神之壝相備也都宗人正都禮與其

服則家如之矣家宗人掌家禮與其衣服宮室車旗之禁令則都如之矣都宗人國有大故則令禱祠既祭反命于國則家亦如之矣家宗人國有大故則令禱祠反命祭亦如之則都亦如之矣既祭反命于國則雖非國故禱祠亦必命之祭然後祭

凡以神仕者掌三辰之灋以猶鬼神示之居辨其名物以冬日至致天神人鬼以夏日至致地示物鬽以禬國之凶荒民之札喪

日月星謂之三辰其氣物時數升降出入往來鬼神

示各以象類從焉故三辰之灋可以猶鬼神示之居
辨其名物

周官新義卷十一

譚瑩玉生覆校

周官新義卷十二

宋　王安石　譔

夏官一

惟王建國辨方正位體國經野設官分職以爲民極乃立夏官司馬使帥其屬而掌邦政以佐王平邦國政官之屬大司馬卿一人小司馬中大夫二人軍司馬下大夫四人輿司馬上士八人行司馬中士十有六人旅下士卅有二人府六人史十有六人胥卅有二人徒三百有廿人凡制軍萬有二千五百人爲軍王六軍大國三

軍次國二軍小國一軍軍將皆命卿二千有五百人爲師師帥皆中大夫五百人爲旅旅帥皆下大夫百人爲卒卒長皆上士廿有五人爲兩兩司馬皆中士五人爲伍伍皆有長一軍則二府六史胥十人徒百人司勳上士二人下士四人府二人史四人胥二人徒廿人

馬質中士二人府一人史二人賈四人徒八人

量人下士二人府一人史四人徒八人

小子下士二人史一人徒八人

羊人下士二人史一人賈二人徒八人

司爟下士二人徒六人

掌固上士二人下士八人府二人史四人胥四人徒四十人

司險中士二人下士四人史二人徒四十人

掌疆中士八人史四人胥十有六人徒百有六十人

候人上士六人下士十有二人史六人徒百有廿人

環人下士六人史二人徒十有二人

挈壺氏下士六人史二人徒十有二人

射人下大夫二人上士四人下士八人府二人史四人

人胥二人徒廿人

服不氏下士一人徒四人

射鳥氏下士一人徒四人

羅氏下士一人徒八人

掌畜下士二人史二人胥二人徒廿人

司士下大夫二人中士六人下士十有二人府二人史四人胥四人徒四十人

諸子下大夫二人中士四人府二人史二人胥二人徒廿人

司右上士二人下士四人府四人史四人胥八人徒八十人

義 人之左手不如右强故車置勇力之士謂之右此注據訂

增

虎賁氏下大夫二人中士十有二人府二人史八人胥八十人虎士八百人

旅賁氏中士二人下士十有六人史二人徒八人

節服氏下士八人徒四人

方相氏狂夫四人

大僕下大夫二人小臣上士四人祭僕中士六人御僕下士十有二人府二人史四人胥二人徒廿人

隸僕下士二人府一人史二人胥四人徒四十人

弁師下士二人工四人史二人徒四人

司甲下大夫二人中士八人府四人史八人胥八人徒八十人

司兵中士四人府二人史四人胥二人徒廿人

司戈盾下士二人府一人史二人徒四人

司弓矢下大夫二人中士八人府四人史八人胥八人

徒八十人

縿人上士二人下士四人府一人史二人胥二人徒廿人

槀人中士四人府二人史四人胥二人徒廿人

木高則氣澤不至而槀弓矢之材以木之槀者爲之

鄭氏謬引王氏語

戎右中大夫二人上士二人

齊右下大夫二人

道右上士二人

大馭中大夫二人

戎僕中大夫二人

齊僕下大夫二人

道僕上士十有二人

田僕上士十有二人

馭夫中士廿人下士四十人

校人中大夫二人上士四人下士十有六人府四人史八人胥八人徒八十人

趣馬下士皁一人徒四人

巫馬下士二人醫四人府一人史二人賈二人徒廿人
牧師下士四人胥四人徒四十人
庾人下士閑二人史二人徒廿人
圉師乘一人徒二人圉人良馬匹一人駑馬麗一人
職方氏中大夫四人下大夫八人中士十有六人府四
人史十有六人胥十有六人徒百有六十人
土方氏上士五人下士十人府二人史五人胥五人徒
五十人
懷方氏中士八人府四人史四人胥四人徒四十人

合方氏中士八人府四人史四人胥四人徒四十人
訓方氏中士四人府四人史四人胥四人徒四十人
形方氏中士四人府四人史四人胥四人徒四十人
山師中士二人下士四人府二人史四人胥四人徒四
十人
川師中士二人下士四人府二人史四人胥四人徒四
十人
邍師中士四人下士八人府四人史八人胥八人徒八
十人

匡人中士四人史四人徒八人

撢人中士四人史四人徒八人

都司馬每都上士二人中士四人下士八人府二人史八人胥八人徒八十人

家司馬各使其臣以正于公司馬

大司馬之職掌建邦國之九灋以佐王平邦國制畿封國以正邦國設儀辨位以等邦國進賢興功以作邦國建牧立監以維邦國制軍詰禁以糾邦國施貢分職以任邦國簡稽鄉民以用邦國均守平則以安邦國比小

事大以和邦國

以九伐之灋正邦國馮弱犯寡則眚之賊賢害民則伐之暴內陵外則壇之野荒民散則削之負固不服則侵之賊殺其親則正之放弑其君則殘之犯令陵政則杜之外內亂鳥獸行則滅之

眚若人之瘦眚使其彊更弱其衆更寡所以正其馮弱犯寡之罪也賊殺其親則正之者正以服屬之灋

此注據刪翼增

正月之吉始和布政于邦國都鄙乃縣政象之灋于象

魏使萬民觀政象挾日而斂之乃以九畿之籍施邦國之政職方千里曰國畿其外方五百里曰侯畿又其外方五百里曰甸畿又其外方五百里曰男畿又其外方五百里曰采畿又其外方五百里曰衞畿又其外方五百里曰蠻畿又其外方五百里曰夷畿又其外方五百里曰鎭畿又其外方五百里曰蕃畿

方千里曰畿則禹貢所謂甸服也甸服面五百里則爲方千里矣其外侯畿甸畿禹貢所謂侯服也又其外男畿采畿禹貢所謂綏服也又其外衞畿蠻畿禹

貢所謂要服也又其外夷畿鎮畿禹貢所謂荒服也

又其外蕃畿在禹貢五服之外

凡令賦以地與民制之上地食者參之二其民可用者家三人中地食者半其民可用者二家五人下地食者參之一其民可用者家二人

中春教振旅司馬以旗致民平列陳如戰之陳辨鼓鐸鐲鐃之用王執路鼓諸侯執賁鼓軍將執晉鼓師帥執提旅帥執鼙卒長執鐃兩司馬執鐸公司馬執鐲

中春教振旅者春陽用事非兵之時雖如戰之陳而

平列陳則無事於戰矣春陽以下據訂義增鼓陽也尊者執之金陰也卑者執之鐃以止鼓與陽更用事焉故卒長執之通鼓節鼓佐陽而已故兩司馬公司馬執之謂之公以别於私亦稱司馬所謂家司馬是也

以教坐作進退疾徐疏數之節遂以蒐田有司表貉誓民鼓遂圍禁火弊獻禽以祭社

社者土示也據訂義增

中夏教茇舍如振旅之陳羣吏撰車徒讀書契辨號名之用帥以門名縣鄙各以其名家以號名鄉以州名野

以邑名百官各象其事以辨軍之夜事其他皆如振旅遂以苗田如蒐之灋車弊獻禽以享礿

中秋教治兵如振旅之陳辨旗物之用王載大常諸侯載旂軍吏載旗師都載旜鄉遂載物郊野載旐百官載旟各書其事與其號焉其他皆如振旅遂以獮田如蒐之灋羅弊致禽以祀祊

中冬教大閱前期羣吏戒衆庶修戰灋虞人萊所田之野爲表百步則一爲三表又五十步爲一表田之日司馬建旗于後表之中羣吏以旗物鼓鐸鐲鐃各帥其民

而致質明弊旗誅後至者乃陳車徒如戰之陳皆坐羣吏聽誓于陳前斬牲以左右徇陳曰不用命者斬之中軍以鼙令鼓鼓人皆三鼓司馬振鐸羣吏作旗車徒皆作鼓行鳴鐲車徒皆行及表乃止三鼓摝鐸羣吏弊旗車徒皆坐又三鼓振鐸作旗車徒皆作鼓進鳴鐲車驟徒趨及表乃止坐作如初乃鼓車馳徒走及表乃止鼓戒三闋車三發徒三刺乃鼓退鳴鐃且卻及表乃止坐作如初遂以狩田以旌爲左右和之門羣吏各帥其車徒以敘和出左右陳車徒有司平之旗居卒閒以分地

前後有屯百步有司巡其前後險野人爲主易野車爲主旣陳乃設驅逆之車有司表貉于陳前中軍以鼙令鼓鼓人皆三鼓羣司馬振鐸車徒皆作遂鼓行徒銜枚而進大獸公之小禽私之獲者取左耳及所弊鼓皆駴車徒皆譟徒乃弊致禽饁獸于郊入獻禽以享烝

羣吏以鼓鐸旗物各帥其民而致則皆致之大司馬爲帥欲聽於一也羣吏以下據刪翼增使民以其死刑誅不如是之嚴則民弗爲使矣然前期戒衆庶而後至可誅旣陳而誓然後不用命者可斬四時皆敎而後田田

習用衆焉言教而後可用也四時以下據刪翼增

及師大合軍以行禁令以救無辜伐有罪若大師則掌其戒令涖大卜帥執事涖釁主及軍器及致建大常比軍衆誅後至者及戰巡陳眂事而賞罰若師有功則左執律右秉鉞以先愷樂獻于社若師不功則厭而奉主車

鄉師致民以司徒之大旗則司馬致民宜以王之大常矣凡此皆示其致民之命有所受之也以上據訂義增以先愷樂獻於社怒釋而爲愷故也據刪翼增

王弔勞士庶子則相大役與慮事屬其植受其要以待攷而賞誅大會同則師士庶子而掌其政令若大射則合諸侯之六耦大祭祀饗食羞牲魚授其祭大喪平士大夫喪祭奉詔馬牲

大司馬於大役與慮事欲知其故之可否屬其植欲知其人之多寡受其要欲知其功之等差事成而考之以行誅賞此注據訂義增

小司馬之職掌凡小祭祀會同饗射師田喪紀掌其事如大司馬之灋

軍司馬闕

輿司馬闕

行司馬闕

司勳掌六鄉賞地之灋以等其功王功曰勳國功曰功民功曰庸事功曰勞治功曰力戰功曰多凡有功者銘書于王之大常祭於大烝司勳詔之大功司勳藏其貳掌賞地之政令凡賞無常輕重眂功凡頒賞地參之一食惟加田無國正

王有天下諸侯則有一國召南言國君積行累功又

曰羔羊鵲巢之功致左傳云諸侯言時計功則功以國功爲主也王有以下據刪翼增大烝冬之大享當是時百物皆報焉祭有功宜矣事勞若一時有劇易戰多若一敵有堅脆若此屬不可爲常故輕重眡功事勞以下據訂義增

馬質掌質馬馬量三物一曰戎馬二曰田馬三曰駑馬皆有物賈綱惡馬凡受馬于有司者書其齒毛與其賈馬死則旬之內更旬之外入馬耳以其物更其外否馬及行則以任齊其行若有馬訟則聽之禁原蠶者

每馬各以三物量之以知其所宜以上據刪翼增綱謂以縻

索維之所以制其奔踶也

量人掌建國之灋以分國爲九州營國城郭營后宮量市朝道巷門渠造都邑亦如之營軍之壘舍量其市朝州涂軍社之所里邦國之地與天下之涂數皆書而藏之凡祭祀饗賓制其從獻脯燔之數量掌喪祭奠竁之俎實凡宰祭與鬱人受斝歷而皆飲之

受斝歷而皆飲之受斝傳之他器而皆飲之也鬱人於祭祀達其氣臭以始之量人於祭祀制其量數以成之删翼引此始之下有曰交神以德者也成之下有曰事神以禮者也二者本末相

成皆所以致福而達氣臭以始之者主王制量數以成之者主宰故鬱人大祭祀與量人受舉斝之卒爵而飲之量人宰祭則與鬱人受斝歷而皆飲之皆飲所以致福者盡矣

小子掌祭祀羞牛肆羊殽肉豆而掌珥于社稷祈于五祀凡沈辜侯禳飾其牲釁邦器及軍器凡師田斬牲以左右徇陳祭祀贊羞受徹焉

羊人掌羊牲凡祭祀飾羔祭祀割羊牲登其首凡祈珥共其羊牲賓客共其灋羊凡沈辜侯禳釁積共其羊牲

若牧人無牲則受布于司馬使其賈買牲而共之

飾羔若禮所謂飾羔鴈者以繢也濼羊謂牢禮之濼所用也

司爟掌行火之政令四時變國火以救時疾季春出火民咸從之季秋内火民亦如之時則施火令凡祭祀則祭爟凡國失火野焚萊則有刑罰焉

舉火曰爟祭祀用爟故祭焉

掌固掌修城郭溝池樹渠之固頒其士庶子及其衆庶之守設其飾器分其財用均其稍食任其萬民用其材

器凡守者受灋焉以通守政有移甲與其役財用唯是得通與國有司帥之以贊其不足者晝三巡之夜亦如之夜三鼜以號戒

古者有城守則樹焉國語所謂城守之木是也有溝涂則樹焉司險所謂設國之五溝五涂而樹之以爲阻固是也司險樹之掌固修之（古者以下據訂義增）士者公卿大夫之適而已命者也庶子者國子之倅而未命者也衆庶則其地之人民遞守者也夫士庶子所使帥衆庶而頒其守則遠近均焉勞逸更焉公卿大夫涖

職於內而子弟守固於外休戚一體之道也公卿以下二十二字據義疏增分其財用以給守事均其稍食以養守者

若造都邑則治其固與其守瀍凡國都之竟有溝樹之固郊亦如之民皆有職焉若有山川則因之

司險掌九州之圖以周知其山林川澤之阻而達其道路設國之五溝五涂而樹之林以爲阻固皆有守禁而達其道路國有故則藩塞阻路而止行者以其屬守之唯有節者達之

掌疆闕

候人各掌其方之道治與其禁令以設候人若有方治則帥而致于朝及歸送之于竟

方各設其人以候有方治者致之送之

環人掌致師察軍慝環四方之故巡邦國搏諜賊訟敵國揚軍旅降圍邑

搏諜賊以下皆環人巡邦國之事

挈壺氏掌挈壺以令軍井挈轡以令舍挈畚以令糧凡軍事縣壺以序聚欜凡喪縣壺以代哭者皆以水火守之分以日夜及冬則以火爨鼎水而沸之而沃之

射人掌國之三公孤卿大夫之位三公北面孤東面卿大夫西面其摯三公執璧孤執皮帛卿執羔大夫鴈諸侯在朝則皆北面詔相其灋

三公執璧則以有君之體而不致其用也

若有國事則掌其戒令詔相其事掌其治達

射之爲道利以直達有括則不至治達如之故掌治達者在射人也

以射灋治射儀王以六耦射三侯三獲三容樂以騶虞九節五正諸侯以四耦射二侯二獲二容樂以貍首七

節三正孤卿大夫以三耦射一侯一獲一容樂以采蘋五節二正士以三耦射豻侯一獲一容樂以采蘩五節二正若王大射則以貍步張三侯王射則令去侯立于後以矢行告卒令取矢祭侯則爲位與大史射數射中佐司馬治射正

侯而祭之則神無不在而君子無所不用其至

祭祀則贊射牲相孤卿大夫之灋儀會同朝覲作大夫介凡有爵者大師令有爵者乘王之倅車有大賓客則作卿大夫從戒大史及大夫介大喪與僕人遷尸作卿

大夫掌事比其廬不敬者苛罰之

服不氏掌養猛獸而教擾之凡祭祀共猛獸賓客之事則抗皮射則贊張侯以旌居乏而待獲

抗皮贊張侯待獲皆服不服之意故服不氏掌之

射鳥氏掌射鳥祭祀以弓矢敺烏鳶凡賓客會同軍旅亦如之射則取矢矢在侯高則以并夾取之

先王置官大抵兼職射鳥氏雖無所兼其所射以共賓客膳獻亦足以償祿矣使敺烏鳶以并夾取矢雖若不急然上下無乏事則以事爲之制故也

羅氏掌羅烏鳥蜡則作羅襦中春羅春鳥獻鳩以養國老行羽物

掌畜掌養鳥而阜蕃教擾之祭祀共卵鳥歲時貢鳥物共膳羞之鳥

共卵及鳥物與獸同義翠胥羽翮之屬是也

司士掌羣臣之版以治其政令歲登下其損益之數辨其年歲與其貴賤周知邦國都家縣鄙之數卿大夫士庶子之數以詔王治以德詔爵以功詔祿以能詔事以久奠食唯賜無常

賜出於王之恩恩有厚薄賜有多寡又何常之有且賜而有常則辟無以作福矣

正朝儀之位辨其貴賤之等王南鄉三公北面東上孤東面北上卿大夫西面北上王族故士虎士在路門之右南面東上大僕大右大僕從者在門路之左南面西上

所謂治朝也若朝士之位與此不同者彼外朝之灋聽獄弊訟詢衆庶之朝也所謂以下據刪翼增鄉明以聽天下者王也故南鄉面王而荅之者公也故北面孤佑王

者也故東面卿大夫佐王者也故西面王族故士虎士大僕大右大僕從者則從王者也故南面順王所向焉三公東上則北面以東爲右故也自孤以下皆以近尊爲上公以下皆言面王獨言嚮不斥其體尊故也

司士擯孤卿特揖大夫以其等旅揖士旁三揖王還揖門左揖門右大僕前王入內朝皆退

掌國中之士治凡其戒令掌擯士者膳其摯凡祭祀掌士之戒令詔相其灋事及賜爵呼昭穆而進之帥其屬

而割牲羞俎豆凡會同作士從賓客亦如之作士適四方使為介大喪作士掌事作六軍之士執披凡士之有守者令哭無去守國有故則致士而頒其守凡邦國三歲則稽士任而進退其爵祿

諸子掌國子之倅掌其戒令與其教治辨其等正其位國有大事則帥國子而致于大子唯所用之若有兵甲之事則授之車甲合其卒伍置其有司以軍灋治之司馬弗正凡國正弗及

上言國子之倅而下言帥國子致于太子則諸子掌

國子及其倅非特倅也上言以下據刪翼增司馬弗正國正弗及則是諸子正之太子用之而已

大祭祀正六牲之體凡樂事正舞位授舞器大喪正羣子之服位會同賓客作羣子從凡國之政事國子存遊倅使之修德學道春合諸學秋合諸射以攷其藝而進退之

司右掌羣右之政令凡軍旅會同合其車之卒伍而比其乘屬其右凡國之勇力之士能用五兵者屬焉掌其政令

比其乘則比其乘之馬使齊力屬其右則屬其右之人使同心先王既合萬民之卒伍以時習之皆使知戰矣又屬勇力之士能用五兵者於司右使掌其政令則軍旅之事有選鋒以待敵齊民得免死焉無事之時武夫皆寓於官府無所奮其私鬥矣

虎賁氏掌先後王而趨以卒伍軍旅會同亦如之舍則守王閑王在國則守王宮國有大故則守王門大喪亦如之及葬從遣車而哭適四方使則從士大夫若道路不通有徵事則奉書以使于四方

旅賁氏掌執戈盾夾王車而趨左八人右八人車止則持輪凡祭祀會同賓客則服而趨喪紀則衰葛執戈盾軍旅則介而趨

持輪所以爲安也（七字據訂義增）旅賁則王衛之尤親者王吉服則亦吉服王凶服則亦凶服王戎服則亦戎服亦與王同其憂樂也

節服氏掌祭祀朝覲衮冕六人維王之大常諸侯則四人其服亦如之郊祀裘冕二人執戈送逆尸從車

方相氏掌蒙熊皮黃金四目元衣朱裳執戈揚盾帥百

百隸而時難以索室毆疫大喪先匶及墓入壙以戈擊四隅毆方良

周官新義卷十二

譚瑩玉生覆校

周官新義卷十三

宋　王安石　譔

夏官二

大僕掌正王之服位出入王之大命掌諸侯之復逆王眡朝則前正位而退入亦如之

王眡朝眡治朝也

建路鼓于大寢之門外而掌其政以待達窮者與遽令聞鼓聲則速逆御僕與御庶子祭祀賓客喪紀正王之服位詔瀍儀贊王牲事王出入則自左馭而前驅

路鼓四面示欲四方無所不達大寢之門外自外至者莫近焉則欲其聞之速也先言路鼓以下據刪翼增竊者欲其速達甚于遽令王之牲事以事鬼神苟外不能治其人內不能正其身雖日用牲祭鬼神猶弗享也大臣衆矣所與治其人莫尊於大宰近臣衆矣所與正其身莫親於大僕故贊牲事以此兩官

凡軍旅田役贊王鼓救日月亦如之大喪始崩戒鼓傳達于四方窆亦如之縣喪首服之灋于宮門掌三公孤卿之弔勞王燕飲則相其灋王射則贊弓矢王眡燕朝

則正位掌擯相王不眂朝則辭于三公及孤卿

小臣掌王之小命詔相王之小灋儀掌三公及孤卿之復逆正王之燕服位王之燕出入則前驅大祭祀朝覲沃王盥小祭祀賓客饗食賓射掌事如大僕之灋掌士大夫之弔勞凡大事佐大僕

祭僕掌受命于王以眂祭祀而警戒祭祀有司糾百官之戒具既祭帥羣有司而反命以王命勞之誅其不敬者大喪復于小廟凡祭祀王之所不與則賜之禽都家亦如之凡祭祀致福者展而受之

肆師誅其慢慢謂不肅也祭祀誅其不敬則非不肅之謂也祭僕受命于上以眡祭祀隸僕掌五寢埽除糞洒之事王皆以故習而親焉故也既置夏采掌復之正事又以二僕參焉復盡愛之道求所以生之不以方而已

御僕掌羣吏之逆及庶民之復與其弔勞大祭祀相盟而登大喪持翣掌王之燕令以序守路鼓

庶民之復大司寇所謂遠近惸獨老幼之欲有復于上者也故大僕言建路鼓以待達窮者聞鼓聲則速

逆御僕也王盥而登御僕相之王盥以下據訂義增

隷僕掌五寢之埽除糞洒之事祭祀修寢王行洗乘石

掌蹕宮中之事大喪復于小寢大寢

王者七廟而曰五寢者葢二祧將毀先除其寢去事

有漸故也鄭氏謂唯祧無寢是也以文武爲二祧則

誤矣禮記以遠廟爲祧當此時文武最爲近廟豈宜

稱祧又不設寢乎然則二祧其高祖之父與其祖與

此注據刪翼增

弁師掌王之五冕皆元冕朱裏延紐五采繅十有二就

皆五采玉十有二玉笄朱紘諸侯之繅斿九就瑉玉三采其餘如王之事繅斿皆就玉瑱玉笄王之皮弁會五采玉璂象邸玉笄王之弁經弁而加環經諸侯及孤卿大夫之冕韋弁皮弁弁經各以其等爲之而掌其禁令

五采備采也十有二就備數也玉十有二備物也玉笄貫其上以象德也

司甲

闕

司兵掌五兵五盾各辨其物與其等以待軍事及授兵從司馬之灋以頒之及其受兵輸亦如之及其用兵亦

如之祭祀授舞者兵大喪廞五兵軍事建車之五兵會同亦如之

司戈盾掌戈盾之物而頒之祭祀授旅賁殳故士戈盾授舞者兵亦如之軍旅會同授貳車戈盾建乘車之戈盾授旅賁及虎士戈盾及舍設藩盾行則斂之

司弓矢掌六弓四弩八矢之灋辨其名物而掌其守藏與其出入中春獻弓弩中秋獻矢箙及其頒之王弓弧弓以授射甲革椹質者夾弓庾弓以授射豻侯鳥獸者唐弓大弓以授學射者使者勞者其矢箙皆從其弓凡

弩夾庾利攻守唐大利車戰野戰凡矢枉矢絜矢利火射用諸守城車戰殺矢鍭矢用諸近射田獵矰矢茀矢用諸弋射恆矢庳矢用諸散射天子之弓合九而成規諸侯合七而成規大夫合五而成規士合三而成規句者謂之弊弓

凡祭祀共射牲之弓矢澤共射椹質之弓矢大射燕射共弓矢如數并夾大喪共明弓矢凡師役會同頒弓弩各以其物從授兵甲之儀田弋充籠箙矢共矰矢凡亡矢者弗用則更

繕人掌王之用弓弩矢箙矰弋抉拾掌詔王射贊王弓矢之事凡乘車充其籠箙載其弓弩既射則斂之無會計

槀人掌受財于職金以齎其工弓六物爲三等弩四物亦如之矢八物皆三等箙亦如之春獻素秋獻成書其等以饗工乘其事試其弓弩以下上其食而誅賞乃入功于司弓矢及繕人凡齎財與其出入皆在槀人以待會而攷之亡者闕之

入于繕人則共王用也

戎右掌戎車之兵革使詔贊王鼓傳王命于陳中會同充革車盟則以玉敦辟盟遂役之贊牛耳桃茢

戎右與君同車在車之右執戈盾備非常并充兵中役使故云掌之

齊右掌祭祀會同賓客前齊車王乘則持馬行則陪乘凡有牲事則前馬

金路以賓而謂之齊車者王敬賓事如祭故也

道右掌前道車王出入則持馬陪乘如齊車之儀自車上諭命于從車詔王之車儀王式則下前馬王下則以

㚇從

齊右王未乘則前車方乘則持馬既乘而行則陪乘

三者皆與齊右同

大馭掌馭玉路以祀及犯軷王自左馭馭下祝登受轡

犯軷遂驅之及祭酌僕僕左執轡右祭兩軹祭軌乃飲

凡馭路行以肆夏趨以采薺凡馭路儀以鸞和爲節

書曰僕臣正厥后克正㚇僕正王服位以詔贊擯相

前驅爲職王有行也僕爲之節王有爲也僕爲之道

故祭祀則贊牲事既祭則王使馭酌焉明與之竝受

福也此注據刪翼增

戎僕掌馭戎車掌王倅車之政正其服犯軷如玉路之儀凡巡守及兵車之會亦如之掌凡戎車之儀

戎車之副謂之倅者若衆子之倅其嫡以備卒也有時而佐焉田車之副謂之佐者如衆臣之佐其君謂之鄉佐也常以佐之爲事道車之副謂之貳者如世子之貳其父謂之貳儲也有故乃攝而代之其義各有所主也掌凡戎車之儀戎以威爲主甲冑有不可犯之色則戎車之儀可知矣此注見刪翼所引但稱王氏以訂義所引安石

語證之知爲新義佚文

齊僕掌馭金路以賓朝覲宗遇饗食皆乘金路其灋儀各以其等爲車送逆之節

道僕掌馭象路以朝夕燕出入其灋儀如齊車掌貳車之政令

田僕掌馭田路以田以鄙掌佐車之正設驅逆之車令獲者植旌及獻比禽凡田王提馬而走諸侯晉大夫馳

提節之晉進之馳則亟進之尊者安舒卑者戚速

馭夫掌馭貳車從車使車分公馬而駕治之

貳車副車從車謂屬車也使車使者所乘之車

校人掌王馬之政辨六馬之屬種馬一物戎馬一物齊馬一物道馬一物田馬一物駑馬一物凡頒良馬而養乘之乘馬一師四圉三乘爲皁皁一趣馬三皁爲繫繫一馭夫六繫爲廄廄一僕夫六廄成校校有左右駑馬三良馬之數麗馬一圉八麗一師八師一趣馬八趣馬一馭夫天子十有二閑馬六種邦國六閑馬四種家四閑馬二種凡馬特居四之一

趣馬下士皁一人繫一馭夫則下士八人

春祭馬祖執駒夏祭先牧頒馬攻特秋祭馬社臧僕冬祭馬步獻馬講馭夫凡大祭祀朝覲會同毛馬而頒之飾幣馬執扑而從之凡賓客受其幣馬大喪飾遣車之馬及葬埋之田獵則帥驅逆之車凡將事于四海山川則飾黃駒凡國之使者共其幣馬凡軍事物馬而頒之等馭夫之祿宮中之稍食

攻特者駒之不可習者廋人攻之矣及成馬而不可習則校人攻之臧僕則僔馭者僔其臧亦僔其或不臧講馭夫者五馭之灋講其藝也講馭夫以下據删翼增

趣馬掌贊正良馬而齊其飲食簡其六節掌駕說之頒
辨四時之居治以聽馭夫

巫馬掌養疾馬而乘治之相醫而藥攻馬疾受財于校
人馬死則使其賈粥之入其布于校人

牧師掌牧地皆有厲禁而頒之孟春焚牧中春通淫掌
其政令凡田事贊焚萊

頒其地于牧人

廋人掌十有二閑之政教以阜馬佚特教駣攻駒及祭
馬祖祭閑之先牧及執駒散馬耳圉馬正校人員選馬

八尺以上爲龍七尺以上爲騋六尺以上爲馬
政以正之教以導之阜馬者養馬而阜之既阜矣又佚特以蕃之既蕃矣又教駣以成之攻駒則不可教者及其未駣攻之也圉馬則乘馬而圉之圉馬以校人執駒爲節也正其員使員稱馬數正其選使選惟其能小大異名使各從其類以待乘頒及以爲種

圉師掌教圉人養馬春除蓐釁廄始牧夏庌馬冬獻馬射則充椹質茨牆則翦闔
次草謂之茨詩曰牆有茨苫謂之闔以剉草爲苫

圉人掌養馬芻牧之事以役圉師凡賓客喪紀牽馬而入陳廞馬亦如之

職方氏掌天下之圖以掌天下之地辨其邦國都鄙四夷八蠻七閩九貉五戎六狄之人民與其財用九穀六畜之數要周知其利害乃辨九州之國使同貫利

大司徒掌建邦之土地之圖以天下之圖知九州之地域廣輪之數則其所掌者特圖而已職方氏大司徒以下據刪翼增掌天下之圖以掌天下之地則所掌非特圖也又掌其地焉邦國諸侯之國也都鄙諸侯之采地

也東方曰夷其種有四南方曰蠻其種有八東南曰閩其種有七西北曰貉其種有九西方曰戎其種有五北方曰狄其種有六自邦國都鄙至於夷蠻閩貉戎狄雖有內外之殊然先王之政一視而同仁其人民之所聚財用之所出九穀之所生六畜之所產其數要不可以不辨也其利害不可以不知也數則列而計之也要則總而計之也利則凡可以利人者也害則凡可以害人者也周知其利害則將以興其利而除其害也邦國以下百七十九字據刪翼增

東南曰揚州其山鎮曰會稽其澤藪曰具區其川三江其浸五湖其利金錫竹箭其民二男五女其畜宜鳥獸其穀宜稻

自揚之五湖以至并之淶易皆其地之水可引以浸灌也然涇漳之屬後世更引以浸焉則民之利固有先王未之盡者變而通之存乎其時而已然涇漳以下據訂義增上二語乃王昭禹之詞與之刪節安石語以證昭禹去之則詞意不明故并錄焉

正南曰荆州其山鎮曰衡山其澤藪曰雲瞢其川江漢其浸潁湛其利丹銀齒革其民一男二女其畜宜鳥獸

其穀宜稻
河南曰豫州其山鎮曰華山其澤藪曰圃田其川滎雒
其浸波溠其利林漆絲枲其民二男三女其畜宜六擾
其穀宜五種
正東曰青州其山鎮曰沂山其澤藪曰望諸其川淮泗
其浸沂沭其利蒲魚其民二男二女其畜宜雞狗其穀
宜稻麥
河東曰兖州其山鎮曰岱山其澤藪曰大野其川河泲
其浸廬維其利蒲魚其民二男三女其畜宜六擾其穀

宜四種
正西曰雍州其山鎮曰嶽山其澤藪曰弦蒲其川涇汭
其浸渭洛其利玉石其民三男二女其畜宜牛馬其穀
宜黍稷
東北曰幽州其山鎮曰醫無閭其澤藪曰貕養其川河
泲其浸菑時其利魚鹽其民一男三女其畜宜四擾其
穀宜三種
河內曰冀州其山鎮曰霍山其澤藪曰楊紆其川漳其
浸汾潞其利松柏其民五男三女其畜宜牛羊其穀宜

黍稷
正北曰并州其山鎭曰恆山其澤藪曰昭餘祁其川虖
池嘔夷其浸淶易其利布帛其民二男三女其畜宜五
擾其穀宜五種
乃辨九服之邦國方千里曰王畿其外方五百里曰侯
服又其外方五百里曰甸服又其外方五百里曰男服
又其外方五百里曰采服又其外方五百里曰衞服又
其外方五百里曰蠻服又其外方五百里曰夷服又其
外方五百里曰鎭服又其外方五百里曰藩服凡邦國

千里封公以方五百里則四公方四百里則六矦方三百里則七伯方二百里則二十五子方百里則百男以周知天下

凡邦國小大相維王設其牧制其職各以其所能制其貢各以其所有王將巡守則戒于四方曰各修平乃守攷乃職事無敢不敬戒國有大刑及王之所行先道帥其屬而巡戒令王殷國亦如之

九州之序禹貢始於冀次以兗而終於雍職方始於揚次以荊而終於并者葢禹貢言治水之序職方言

遠近之序治水自帝都而始然後順水性所便自下而上故自兗至雍而止以遠近言之則周之化自北而南以南爲遠故關雎鵲巢之詩分爲二南漢廣亦言文王之道被于南國德化所及以遠爲至故也始於揚州則以揚在東南次以荆則以荆在正南終於幷則以幷在正北先遠而後近也

土方氏掌土圭之灋以致日景以土地相宅而建國都鄙以辨土宜土化之灋而授任地者王巡守則樹王舍

懷方氏掌來遠方之民致方貢致遠物而送逆之達之

以節治其委積館舍飲食

逆送之以為之禮達之節使無留難治其委積館舍飲食使有所資賴此所以懷之也

合方氏掌達天下之道路通其財利同其數器壹其度量除其怨惡同其好善

訓方氏掌道四方之政事與其上下之志誦四方之傳道正歲則布而訓四方而觀新物

形方氏掌制邦國之地域而正其封疆無有華離之地使小國事大國大國比小國

華與記爲國君削瓜華之同義此注據義疏增

山師掌山林之名辨其物與其利害而頒之于邦國使致其珍異之物

稻人澤草所生種之芒種所謂利有如此者非特中人用而已王孫滿曰夏之方有德也鑄鼎象物百物而爲之備使民知神姦故民入川澤山林不逢不若螭魅罔兩莫能逢之所謂害有如此者非特毒物及螫噬之蟲獸而已

川師掌川澤之名辨其物與其利害而頒之于邦國使

致其珍異之物

邍師掌四方之地名辨其丘陵墳衍邍隰之名物之可以封邑者

辨其名以知平陂燥溼辨其物以知肥磽媺惡此注據刪

翼增

匡人掌達灋則匡邦國而觀其慝使無敢反側以聽王命

撢人掌誦王志道國之政事以巡天下之邦國而語之使萬民和說而正王面

都司馬掌都之士庶子及其衆庶車馬兵甲之戒令以國灋掌其政學以聽國司馬家司馬亦如之

周官新義卷十三　　譚瑩玉生覆校

周官新義卷十四

宋　王安石　譔

秋官一

惟王建國辨方正位體國經野設官分職以爲民極乃立秋官司寇使帥其屬而掌邦禁以佐王刑邦國刑官之屬大司寇卿一人小司寇中大夫二人士師下大夫四人鄉士上士八人中士十有六人旅下士卅有二人府六人史十有二人胥十有二人徒百有廿人

遂士中士十有二人府六人史十有二人胥十有二人

徒百有廿人
縣士中士卅有二人府八人史十有六人胥十有六人
徒百有六十人
方士中士十有六人府八人史十有六人胥十有六人
徒百有六十人
訝士中士八人府四人史八人胥八人徒八十人
朝士中士六人府三人史六人胥六人徒六十人
司民中士六人府三人史六人胥三人徒卅人
司[illegible]士二人府一人史二人胥二人徒廿人

司刺下士二人府一人史二人徒四人

司約下士二人府一人史二人徒四人

司盟下士二人府一人史二人徒四人

職金上士二人下士四人府二人史四人胥八人徒八十人

司厲下士二人史一人徒十有二人

犬人下士二人府一人史二人胥四人徒十有六人

司圜中士六人下士十有二人府三人史六人胥十有六人徒百有六十人

掌囚下士十有二人府六人史十有二人徒百有廿人

掌戮下士二人史一人徒十有二人

司隸中士二人下士十有二人府五人史十人胥廿人

徒二百人

罪隸百有廿人

蠻隸百有廿人

閩隸百有廿人

夷隸百有廿人

貉隸百有廿人

布憲中士二人下士四人府二人史四人胥四人徒四十人

禁殺戮下士二人史一人徒十有二人

禁暴氏下士六人史三人胥六人徒六十人

野廬氏下士六人胥十有二人徒百有廿人

蜡氏下士四人徒四十人

雍氏下士二人徒八人

萍氏下士二人徒八人

萍之爲物不沈溺又勝酒故掌國之水禁幾酒謹酒

禁川游者謂之萍氏

司寤氏下士二人徒八人

司烜氏下士六人徒十有六人

條狼氏下士六人胥六人徒六十人

脩閭氏下士二人史一人徒十有二人

冥氏下士二人徒八人

庶氏下士一人徒四人

穴氏下士一人徒四人

翨氏下士二人徒八人

柞氏下士八人徒廿人
薙氏下士二人徒廿人
硩蔟氏下士一人徒二人
翦氏下士一人徒二人
赤犮氏下士一人徒二人
蟈氏下士一人徒二人
壺涿氏下士一人徒二人
庭氏下士一人徒二人
銜枚氏下士二人徒八人

伊耆氏下士一人徒二人

大行人中大夫二人小行人下大夫四人司儀上士八人中士十有六人行夫下士卌有二人府四人史八人胥八人徒八十人

環人中士四人史四人胥四人徒四十人

象胥每翟上士一人中士二人下士八人徒廿人

掌客上士二人下士四人府一人史二人胥二人徒廿人

掌訝中士八人府二人史四人胥四人徒四十人

掌交中士八人府二人史四人徒卅有二人
掌察四方中士八人史四人徒十有六人
掌貨賄下士十有六人史四人徒卅有二人
朝大夫每國上士二人下士四人府一人史二人庶子
八人徒廿人
都則中士一人下士二人府一人史二人庶子四人徒
八十人
都士中士二人下士四人府二人史四人胥四人徒四
十人家士亦如之

大司寇之職掌建邦之三典以佐王刑邦國詰四方

邦國刑之所加故曰刑邦國四方則有威讓之令有文告之辭布令陳辭而又不至則又增修於德而已故曰詰四方

一曰刑新國用輕典二曰刑平國用中典三曰刑亂國用重典

刑新國用輕典則教化未明習俗未成以柔乂之也刑平國用中典則教化已明習俗已成以正直乂之也刑亂國用重典則頑嚚暴悖不可教化以剛乂之

也故書云惟敬五刑以成三德

以五刑糾萬民一曰野刑上功糾力二曰軍刑上命糾守三曰鄉刑上德糾孝四曰官刑上能糾職五曰國刑上愿糾暴

野刑爲事故上功糾力力所以致功軍刑爲政故上命糾守守所以致命鄉刑爲敎故上德糾孝孝所以致德官刑爲治故上能糾職職所以致能國刑刑所所訂義作也故上愿糾暴失愿而暴刑所取也然則刑無爲禮乎曰禮之施在萬民者在敎而已自野刑序之

以至于國則與書序蠻夷猾夏寇賊姦宄同意

以圜土聚教罷民凡害人者寘之圜土而施職事焉以明刑恥之其能改者反于中國不齒三年其不能改而出圜土者殺

凡害人者謂有過失而麗於灋者也其獄謂之圜土則有生養之意也其人謂之罷民則不自强以禮故也施職事焉則使知自强以明刑恥之則使知自好其能改者反於中國不齒三年者寘之圜土外之於中國也故其能改而反也謂之反於中國其收之也

三讓而罰三罰而歸之圜土反與其能改亦不可以一年而定故不齒三年三年無違則亦久矣於是以倫類序之其不能改而出圜土者殺則上所以宥而敎之至矣旣不能改又逃焉殺之義也先王之於民也德以敎之禮以賓之仁以宥之義以制之善者怙焉不善者懼焉故居則易以治動則易以服

以兩造禁民訟入束矢於朝然後聽之以兩劑禁民獄入鈞金三日乃致於朝然後聽之

以兩造禁民訟者訟以兩造聽之而無所偏愛則不

直者自反而民訟禁矣入束矢於朝然後聽之者以束矢自明其直然後聽蓋不直則入其矢亦所以懲其不直以兩劑禁民獄者獄以兩劑聽之而無所偏信則不直者自反而民獄禁矣入鈞金三日乃致於朝然後聽之者以鈞金自明其不可變然後聽蓋不信則入其金亦所以懲不信獄必三日然後聽則重致民於獄也獄必以劑則訟至於獄無節不聽非特劑而已舉劑以見類焉

以嘉石平罷民凡萬民之有罪過而未麗于灋而害于

州里者桎梏而坐諸嘉石役諸司空重罪旬有三日坐朞役其次九日坐九月役其次七日坐七月役其次五日坐五月役其次下罪三日坐三月役使州里任之則宥而舍之

嘉石禮之善也以嘉石平罷民罷民不能自强以禮故也萬民之有罪過而未麗於灋而害於州里者則司救所謂衺惡也凡害人者則司救所謂過失是也過失不謂之罪而得罪反重於衺惡則爲其已麗於灋故也惟其過失是以未入於刑不虧其體而以圜

土教之也衺惡謂之罪而得罪反輕於過失爲其未麗於灋故也坐諸嘉石使自反焉且以恥之役諸司空則以彊其罷故也重罪旬有三日坐朞役其次九日坐九月役其次七日坐七月役其次五日坐五月役其下罪三日坐三月役則役之各稱其罪之輕重使州里任之則宥而舍之則無任者終不舍焉是乃所以使州里相安也先王善是灋以爲其刑人也不虧體其罰人也不虧財非特如此而已司空之役不可廢也與其徭平民而苦之孰若役此以安州里之

爲利也

以肺石達窮民凡遠近惸獨老幼之欲有復于上而其長弗達者立于肺石三日士聽其辭以告于上而罪其長

肺在五藏其情爲憂其竅爲鼻以肺石達窮民則以其憂在内不能自達故也非此疾也不爲窮民以大僕觀之則欲其速達甚於遽令然而立於肺石三日然後聽則又惡民之瀆上民瀆其上慣眊而不渫雖誠無告反不暇治矣義疏引作民瀆於告上煩於聽其誠無告者反無以信於上矣

正月之吉始和布刑于邦國都鄙乃縣刑象之灋于象魏使萬民觀刑象挾日而斂之凡邦之大盟約涖其盟書而登之於天府大史内史司會及六官皆受其貳而藏之

凡邦之大盟約大司寇涖其盟書者刑一成而不可變盟約如之且違焉則刑之所取刑官之事也刑官之事四字據删翼增登之於天府者謹藏之也大史内史司會及六官皆貳而藏之者各以其事攷焉非特備失亡而已

凡諸侯之獄訟以邦典定之凡卿大夫之獄訟以邦灋斷之凡庶民之獄訟以邦成弊之

諸侯强大其獄訟難定故言以邦典定之卿大夫親貴其獄訟難斷故言以邦灋斷之若夫庶民患其情僞難弊而已故言以邦成弊之

大祭祀奉犬牲

犬金畜也秋官羞之則各從其類也因致其義焉奉不可變之義一於所事致其所禦以佐大事者大司寇之職也小司寇小祭祀奉犬牲士師刉珥奉犬牲

與此同義所任有大小而已

若禋祀五帝則戒之日涖誓百官戒于百族

涖誓而戒焉則制百官百族於刑之中義也謂之禋祀則致意之精焉刑官佐王事上帝如斯而已天地二官不言禋則所以佐王事上帝有大於此者此無所事意不期精粗焉

及納亨前王祭之日亦如之奉其明水火凡朝覲會同前王大喪亦如之大軍旅涖戮于社凡邦之大事使其屬蹕

及納享前王祭之日亦如之者亦前王也治官以宰制斟酌贊王而刑官先焉與王從欲以治則刑先之故也司寇稱祭之日而宰稱祀則宰天官也故稱祀司寇秋官也制物之刑焉故稱祭明水火之爲物潔而清明之至也清以察理之在我明以燭事之在物潔以藏穢汙而除之刑官所以格上帝於是爲至朝覲會同前王大喪亦如之則與大祭祀前王同義也大軍旅涖戮於社則涖戮刑官之事也蹕者止人使毋敢干焉刑官之事也小司寇國之大事使其屬蹕

則事在國中而已大司寇邦之大事使其屬蹕則事之所在通國野焉

小司寇之職掌外朝之政以致萬民而詢焉一曰詢國危二曰詢國遷三曰詢立君其位王南鄉三公及州長百姓北面羣臣西面羣吏東面小司寇擯以敘進而問焉以眾輔志而弊謀

國危國遷立君大事也有疑焉則所謂大疑故致萬民而詢焉三公鄉老也上言三公中言州長下言百姓則鄉官皆在此矣上言萬民下言百姓則詢備矣

其言百姓猶洪範之言庶人其言萬民則猶洪範之言庶民也百姓北面答君也三公及州長北面帥民也羣臣西面羣吏東面則左右其事而已民爲貴於是見矣小司寇擯以敘進而問焉以衆輔志而弊謀則以王志爲主而輔之以衆以衆謀爲稽而弊之於王也

以五刑聽萬民之獄訟附于刑用情訊之至于旬乃弊之讀書則用灋凡命夫命婦不躬坐獄訟凡王之同族有罪不即市

周官新義卷十四

以五刑聽萬民之獄訟者聽獄訟當知罪所麗故也知罪所麗則姦民有可刺之實不能以巧免愚民有可宥之情知所以出之焉附於刑用情訊之者既得其情罪附於刑矣則用情訊之恐其惟從非從也至於旬乃弊之者慎用刑也與書要因服念五六日至於旬時丕蔽要因同義讀書則用灋者弊其罪則讀其服罪之書讀其服罪之書則用灋而已不以意爲輕重訊用情則民得自盡弊用灋則吏無所肆焉凡命夫命婦不躬坐獄訟者貴貴也凡王之同族有罪

不即市者親親也貴貴親親如此而已豈以故撓瀆哉

以五聲聽獄訟求民情一曰辭聽二曰色聽三曰氣聽四曰耳聽五曰目聽

聽獄訟求民情以訊鞫作其言因察其視聽氣色以知其情僞故皆謂之聲焉言而色動氣喪視聽失則其僞可知也然皆以辭爲主辭窮而情得矣故五聲以辭爲先氣色耳目次之

以八辟麗邦灋附刑罰一曰議親之辟二曰議故之辟

三曰議賢之辟四曰議能之辟五曰議功之辟六曰議貴之辟七曰議勤之辟八曰議賓之辟

出命制節以治人罪謂之辟八辟有議則非制於灋而已故稱辟焉王所以馭萬民者有八統故其用刑有八辟麗邦灋附刑罰則若今律稱在八議者亦稱定刑之律也謂之議則刑誅赦宥未定也必情灋兩伸而無所偏撓焉必下十一字據義疏增然以皋陶爲士瞽瞍殺人而舜不敢赦則其議之大槩可知矣

以三刺斷庶民獄訟之中一曰訊羣臣二曰訊羣吏三

曰訊萬民聽民之所刺宥以施上服下服之刑

聽民之所刺宥以施上服下服之刑則刺宥聽命而已訊羣臣訊羣吏則臣吏能循民志而達之者也

及大比登民數自生齒以上登于天府內史司會冢宰貳之以制國用

及大比登民數自生齒以上登於天府者生齒則有食之端有食之端則將任之以職故自生齒以上登其數登於天府則寶而藏之內史司會冢宰貳之以制國用者國用以賦斂制之賦斂多寡以民制之故

也民輕犯灋多由于貧民之貧以賦斂之重賦斂之重以國用之靡故使刑官獻民數而內史司會冢宰以制國用也民輕以下據義疏增

小祭祀奉犬牲凡禋祀五帝實鑊水納亨亦如之

曰以木爨火亨飪也實鑊水則濟以木爨火之事而成之秋官之屬也曰上疑有脫字

大賓客前王而辟后世子之喪亦如之小師涖戮凡國之大事使其屬蹕孟冬祀司民獻民數于王王拜受之以圖國用而進退之

內史司會冢宰制國用王圖國用而進退之者圖其大計制事之制雖事爲之制而進退之則斷於王焉言圖制國用於此則民之犯刑以其貧而已民之貧以上賦斂之多而已賦斂之多以不知圖國用制之而已

歲終則令羣士計獄弊訟登中于天府正歲帥其屬而觀刑象令以木鐸曰不用灋者國有常刑令羣士乃宣布于四方憲刑禁乃命其屬入會乃致事

中獄訟之中言事實之書也天府謂之治中告天謂

之升中與此同義

士師之職掌國之五禁之灋以左右刑罰一曰宫禁二曰官禁三曰國禁四曰野禁五曰軍禁皆以木鐸徇之于朝書而縣于門閭

五禁之灋以左右刑罰謂以五禁左右之五刑自野以及國五禁自宫以及軍則禁欲其毋犯而已此其所以異於刑也

以五戒先後刑罰毋使罪麗于民一曰誓用之于軍旅二曰誥用之于會同三曰禁用諸田役四曰糾用諸國

中五曰憲用諸都鄙

以五戒先後刑罰者以刑罰爲中以五戒先後之先者引而導之也後者隨而相之也[先者以下據義疏增]若盤庚上篇則以誥先之也若盤庚下篇則以誥後之也誓誥則若湯誓之于伐桀洛誥之于營周爲一事施一時而已故曰用之于軍旅用之于會同禁糾憲則所用非特一時一事故曰用諸田役用諸國中用諸都鄙則戒之于無用之時軍旅爲大會同次之田役次之國中都鄙則戒之于無用之時先國中後都鄙與

五禁先近後遠同義

掌鄉合州黨族閭比之聯與其人民之什伍使之相安相受以比追胥之事以施刑罰慶賞

掌鄉合州黨族閭比之聯與其人民之什伍者以比合比以伍合伍使之相聯也使之相安相受以比追胥之事以施刑罰慶賞者去其害人者則使之相安使州里任焉而舍之則使之相受相安相受然後可以比追胥之事以施刑罰慶賞則廢事者施刑罰有功者施慶賞蓋士師掌刑使之相安而已若夫使之

相保則有教存焉非士師所及也

掌官中之政令察獄訟之辭以詔司寇斷獄弊訟致邦令

掌官中之政令者其政令施於其官府之中而已致邦令者有御令則致之於官府邦國都鄙也（義疏作致之於鄉遂及都鄙）

掌士之八成一曰邦汋二曰邦賊三曰邦諜四曰犯邦令五曰撟邦令六曰爲邦盜七曰爲邦朋八曰爲邦誣

邦汋汋邦事輕重緩急所在而爲鄉背出入者也邦

賊則是爲邦賊而已爲邦盜則是爲邦盜者也非邦盜而已亂之初生以有邦汋邦汋之不治失政刑矣宄自內作而爲賊姦自外來而爲諜固其所也賊諜爲害大矣然未如犯邦令之甚令不行則其害非止賊諜犯邦令之不治則撟邦令者至焉撟邦令之不治則爲邦盜者至焉易所謂上慢下暴盜思伐之者也然爲邦盜者中無主不至爲邦朋爲邦誣則盜之所主也邦朋非邦誣不立則邦誣非邦朋不成惡直醜正相與爲比守正特立之士不容於時而有大物

者無與昭姦此綱紀所以壞大盜所以作然不知禍本在此而以危亡爲兢兢亦難以祈無事矣故士之八成其序如此

若邦凶荒則以荒辯之灋治之令移民通財糾守緩刑有移民通財糾守緩刑之事則因有辯矣故有荒辯之灋焉小行人言若國凶荒令賙委之則令諸侯相賙委故言國以别都焉士師言若邦凶荒以荒辯之灋治之則凶荒徧邦然後以荒辯之灋治之故言邦以别都邑焉荒政無糾守而有去幾今此無去幾而

有糾守王責諸侯以守故可以去幾邦國爲王守則

有糾守而已

凡以財獄訟者正之以傅別約劑

以此正獄訟則民知無傅別約劑之不可治皆無敢

苟簡於其始訟之所由省也子曰聽訟吾猶人也故

於訟欲作事謀始始之不謀及其卒也雖聖人亦末

如之何矣

若祭勝國之社稷則爲之尸

滅亡刑之類也

王燕出入則前驅而辟祀五帝則沃尸及王盥洎鑊水

洎鑊水者續司寇之事而終之

凡刉珥則奉犬牲諸侯爲賓則帥其屬而蹕於王宫大

喪亦如之

大小司寇使其屬則弗親蹕也士師帥其屬則親蹕

矣大司寇蹕邦事小司寇蹕國事故士師蹕王宫而

已

大師帥其屬而禁逆軍旅者與犯師禁者而戮之歲終

則令正要會正歲帥其屬而憲禁令于國及郊野

雖大師然然犯禁而戮非但大師也

周官新義卷十四

譚瑩玉生覆校

周官新義卷十五

宋　王安石　譔

秋官二

鄉士掌國中各掌其鄉之民數而糾戒之聽其獄訟察其辭辨其獄訟異其死刑之罪而要之旬而職聽于朝司寇聽之斷其獄弊其訟于朝羣士司刑皆在各麗其灋以議獄訟獄訟成士師受中協日刑殺肆之三日若欲免之則王會其期大祭祀大喪紀大軍旅大賓客則各掌其鄉之禁令帥其屬夾道而蹕三公若有邦事則

爲之前驅而辟其喪亦如之凡國有大事則戮其犯命
者
遂士掌四郊各掌其遂之民數而糾其戒令聽其獄訟
察其辭辨其獄訟異其死刑之罪而要之二旬而職聽
于朝司寇聽之斷其獄弊其訟于朝羣士司刑皆在各
麗其灋以議獄訟獄訟成士師受中協日就郊而刑殺
各于其遂肆之三日若欲免之則王令三公會其期若
邦有大事聚衆庶則各掌其遂之禁令帥其屬而蹕六
卿若有邦事則爲之前驅而辟其喪亦如之凡郊有大

事則戮其犯命者

縣士掌野各掌其縣之民數糾其戒令而聽其獄訟察其辭辨其獄訟異其死刑之罪而要之三旬而職聽于朝司寇聽之斷其獄弊其訟于朝羣士司刑皆在各麗其灋以議獄訟獄訟成士師受中協日刑殺各就其縣肆之三日若欲免之則王命六卿會其期若邦有大役聚衆庶則各掌其縣之禁令若大夫有邦事則爲之前驅而辟其喪亦如之凡野有大事則戮其犯命者

鄉士掌國中各掌其鄉之民數者通掌國中而分掌

其鄉焉鄭氏謂鄉士八人四人而各主三鄉也遂士掌四郊而各掌其遂之民數者通掌四郊而分掌其遂也縣士掌野而各掌其縣之民數者通掌野而分掌其縣也所謂四郊非鄉地所謂野非遂地蓋所謂公邑之在郊野者焉而于鄉士言糾戒之遂士縣士言糾其戒令者鄉治詳故鄉士不特糾之而已又戒焉縣遂治畧故遂士縣士無所戒也違其遂縣吏之戒令焉則糾之而已異其死刑之罪而要之者死刑之罪定而又要之若今責伏辨矣鄉士旬而職聽于

朝者慎用刑故也遂士二句縣士三句則以遠也羣士司刑皆在各麗其灋以議獄訟者羣士司刑各有所掌若司刑掌五刑之灋司刺掌三刺三赦三宥之灋或掌官灋或掌官成或掌官常故各麗其灋也士師受中協日刑殺者獄訟成而上其中于士師士師受之然後協日刑殺也鄉士刑殺不言所就以縣士遂士推之就國中明矣鄉士若欲免之則王會其期者王親會其期聽而議之也遂士王令三公會其期縣士王命六卿會其期則遠故也訂義引此文六卿會其期之下日至

於大夫則不復會其期此所會之期以尊者爲先可知矣凡增多廿三字而無則遠故也句六卿言命三公言令則六卿任事王親命之而已三公尊不任事書命以令焉鄉士三公有邦事則爲之前驅而辟遂士六卿有邦事則爲之前驅而辟縣士大夫有邦事則爲之前驅而辟爲尊者辟行人使避也公卿大夫教治政事所自出非刑官先而辟焉則有所不行其喪亦如之者則喪終事也

方士掌都家聽其獄訟之辭辨其死刑之罪而要之三月而上獄訟于國

方士三月而上獄訟于國鄭氏謂變朝言國以其自有君異之也

司寇聽其成于朝羣士司刑皆在各麗其灋以議獄訟獄訟成士師受中書其刑殺之成與其聽獄訟者凡都家之大事聚衆庶則各掌其方之禁令

司寇聽其成于朝則獄訟成而後上于國也既成而後上于國而于羣士司刑麗灋以議又言獄訟成者前所謂成都家聽斷之成也後所謂成司寇羣士司刑聽議之成也書其刑殺之成與其聽訟獄者鄭氏

謂備反覆有失實者

以時修其縣灋若歲終則省之而誅賞焉凡都家之士所上治則主之

以時修其縣灋若歲終則省之而誅賞焉者省蓋巡而視之與省方同義鄭氏謂縣灋縣師之職也方士歲時修此灋歲終則又省之而誅賞焉

訝士掌四方之獄訟諭罪刑于邦國凡四方之有治于士者造焉四方有亂獄則往而成之邦有賓客則與行人送逆之入于國則爲之前驅而辟野亦如之居館則

帥其屬而爲之蹕誅戮暴客者客出入則道之有治則賛之凡邦之大事聚衆庶則讀其誓禁

訝士掌四方之獄訟故邦有賓客則與行人送逆之入于國則爲之前驅而辟野亦如之居館則帥其屬而爲之蹕也

朝士掌建邦外朝之灋左九棘孤卿大夫位焉羣士在其後右九棘公侯伯子男位焉羣吏在其後面三槐三公位焉州長衆庶在其後左嘉石平罷民焉右肺石達窮民焉

右公矦伯子男尊故也羣吏在其後則外朝聽獄弊訟之朝也故治事者在焉面三公位焉州長衆庶在其後則咨王故也棘之爲木也其華白義行之發也其實赤事功之就也朿在外所以待事也槐之爲木也其華黄中德之暢也其實元至道之復也文在中合章之義也右窮民則不傲無告故右焉司士以正朝儀之位辨貴賤之等爲職故其序朝位先尊後卑朝士以掌建外邦之灋爲職故其序朝位先卑後尊先卑後尊則先灋之所制者建外邦三字當爲建邦外朝之譌

師其屬而以鞭呼趨且辟禁慢朝錯立族談者

以鞭呼趨且辟呼朝者使趨焉又爲之辟也呼趨則戒以肅辟則使人避焉禁慢朝錯立族談者朝當如此故孔子在朝廷便便言唯謹爾孟子不踰階而揖不歷位而言

凡得獲貨賄人民六畜者委于朝告于士旬而舉之大者公之小者庶民私之

易得曰得難得曰獲獲伺度而得之也人民在貨賄之後蓋奴虜之亡者市民所會伺察者衆故曰貨賄

六畜其亡必得故曰得舉之民無私焉民無私焉則亦市之爲治欲民不以無故得利也三日而舉之則民所會也其求宜速義疏引王氏此注曰市所得貨賄六畜皆舉之而得者無私焉以民之所會其求必速卽終無求者亦藏於官以待之不可使民無故而得利也案王氏以司市之文與此職相比爲說此以上皆釋司市凡得貨賄六畜者三日而舉之之義朝之所委則亡不必得故小者使民私焉使民私焉則亦朝之爲治欲不盡力以遺民也求者或遠則待之宜緩故旬而舉之義疏引此注曰委於朝旬而不求者則終無求者矣故使庶民得私其小者又所以興起其善心而無或隱匿也市不言獲人民則市之所會幾察者衆非

亡民所赴也

凡士之治有期日國中一旬郊二旬野三旬都三月邦國朞期內之治聽期外不聽

民之所急宜以時治苟爲不急又在期外亦可以已矣夫獄訟追證無罪之民豫受其弊則其不急豈可長哉

凡有責者有判書以治則聽

有判書以治則聽者以責與人必使有判書其抵冒而訟有判書則爲之聽治焉

凡民同貨財者令以國灋行之犯令者刑罰之

凡民同貨財者令以國灋行之犯令者刑罰之者刑罰其犯令者而已不誅同財之人也若貨不出于關而舉其貨罰其人所謂國灋也二人同財而一人犯此令則幷舉其貨焉是爲令以國灋行之若夫罰則施犯令者一人而已

凡屬責者以其地傅而聽其辭

以責屬人必使有傅傅必有地著其相抵冒而訟以其地傅來乃爲之聽治屬責而無傅有傅而無地著

不知所在不可追證則弗聽也

凡盜賊軍鄉邑及家人殺之無罪凡報仇讎者書于士殺之無罪若邦凶荒札喪寇戎之故則令邦國都家縣鄙慮刑貶

軍謂衆攻圍鄉邑及家則人得殺之仇讎之罪已書于士而得則士之所殺也已書于士而不得則罪不嫌于不明故許之專殺也思患曰慮慮刑則非特緩刑而已若荒政除盜賊費誓無餘刑非殺則以災寇之故有加急焉故令慮以制之慮貶則用財當貶於

平時然欲適宜則亦不可以無慮也

司民掌登萬民之數自生齒以上皆書于版辨其國中與其都鄙及其郊野異其男女歲登下其死生及三年大比以萬民之數詔司寇司寇及孟冬祀司民之日獻其數于王王拜受之登于天府內史司會冢宰貳之以贊王治

於小司寇言內史司會冢宰貳民數制國用王受民數圖國用而進退之而於司民云內史司會冢宰貳之以贊王治者司民掌民數之官也生齒之不蕃至

于具禍以燼則以王無陪無卿無義治之非特爲貧故也義疏引此無陪無卿下有曰政教不修所以治官治民者多失其道非特爲貧故也蓋潤色之詞非本文

司刑掌五刑之灋以麗萬民之罪墨罪五百劓罪五百宮罪五百刖罪五百殺罪五百若司寇斷獄弊訟則以五刑之灋詔刑罰而以辨罪之輕重

先王之懲民也以讓爲不足然後罰以罰爲不足然後獄之圜土役之司空以獄而役之爲不足然後墨以墨爲不足然後劓以劓爲不足然後宮以宮爲不

足然後刖以刖爲不足然後殺墨劓宫刖殺棄人之刑也以殺爲不足則又有奴人父母妻子者奴其父母妻子非刑之正也故不列於此

司刺掌三刺三宥三赦之灋以贊司寇聽獄訟壹刺曰訊羣臣再刺曰訊羣吏三刺曰訊萬民壹宥曰不識再宥曰過失三宥曰遺忘壹赦曰幼弱再赦曰老旄三赦曰惷愚以此三灋者求民情斷民中而施上服下服之罪然後刑殺

不識過失遺忘致愼則或可以免焉故宥之而已幼

弱老耄惷愚則非人之能爲也故赦之惷愚惷惷而愚也孔子曰古之愚也直今之愚也詐而已所謂惷愚則異乎今之愚矣蓋愚而非惷幼而不弱老而不耄則不在所赦矣以此三灋者求民情斷民中而施上服下服之罪然後刑殺者罪在所刺則下刑有適重而上服罪在所宥則上刑有適輕而下服以三灋者求民情然後斷民中斷民中然後施罪施罪定矣然後刑殺若在所赦則赦之矣

司約掌邦國及萬民之約劑治神之約爲上治民之約

次之治地之約次之治功之約次之治器之約次之治摯之約次之

治神之約謂若魯用郊之屬治民之約謂若分衞以七族之屬治地之約謂若衞取於有閻之土以共王職取於相土之東都以會王之東蒐之屬治功之約謂若虢叔虢仲勲在王室藏在盟府之屬治器之約謂若魯得用四代服器之屬治摯之約謂若公孫黑使强委禽之屬凡此諸治皆有許與之約焉不信而訟則司約掌之

凡大約劑書于宗彝小約劑書于丹圖若有訟者則珥而辟藏其不信者服墨刑若大亂則六官辟藏其不信者殺

珥而辟藏重其事六官辟藏則以盟約六官皆受其貳藏之故也

司盟掌盟載之灋凡邦國有疑會同則掌其盟約之載及其禮儀北面詔明神既盟則貳之盟萬民之犯命者詛其不信者亦如之凡民之有約劑者其貳在司盟有獄訟者則使之盟詛凡盟詛各以其地域之衆庶共其

牲而致焉旣盟則爲司盟共祈酒脯

謂之神明則宜鄉明者也故北面詔之質于神明以相要者民之所不免也先王因以覆盟詛爲大戮而躬信畏以先之至其成俗盟邦國不協與民之犯命而詛其不信者有獄訟者使之盟詛弭亂息爭豈小補哉及後世王迹熄慢神誣人實倍其上神亦旣厭莫之顧省則區區牲血酒脯不足以勝背誕之衆矣盖治有本末本之不圖無事於末故君子屢盟詩以爲亂是用長鄭伯詛射穎考叔者傳以爲失政刑矣

職金掌凡金玉錫石丹青之戒令受其入征者辨其物之媺惡與其數量楬而璽之入其金錫于爲兵器之府入其玉石丹青于守藏之府入其要掌受士之金罰貨罰入于司兵旅于上帝則共其金版饗諸侯亦如之凡國有大故而用金石則掌其令

士之金罰貨罰所謂金作贖刑而司寇無金贖之灋或者掌貨賄有焉

司厲掌盜賊之任器貨賄辨其物皆有數量賈而楬之入于司兵其奴男子入于罪隸女子入于舂槀凡有爵

者與七十者與未齔者皆不爲奴
其奴男子入于罪隸則爲隸民焉女子入于舂槀則
以役舂人槀人之事凡有爵者與七十者與未齔者
皆不爲奴則鄭氏謂奴從坐沒入縣官者是也蓋盜
賊之罪有殺不足以懲之者所謂無餘刑非殺也
犬人掌犬牲凡祭祀共犬牲用牷物伏瘞亦如之凡幾
珥沈辜用駹可也凡相犬牽犬者屬焉掌其政治
犬人掌犬牲而凡相犬牽犬者屬焉掌其政治則卄
掌田犬矣鄭氏謂伏伏犬以車轢之瘞地祭也

司圜掌收敎罷民凡害人者弗使冠飾而加明刑焉任之以事而收敎之能改者上罪三年而舍中罪二年而舍下罪一年而舍其不能改而出圜土者殺雖出三年不齒凡圜土之刑人也不虧體其罰人也不虧財

司寇謂之聚敎而司圜謂之收敎則致其詳焉

掌囚掌守盜賊凡囚者上罪梏拲而桎中罪桎梏下罪梏王之同族拲有爵者桎以待弊罪及刑殺告刑于王奉而適朝士加明梏以適市而刑殺之凡有爵者與王之同族奉而適甸師氏以待刑殺

掌囚凡囚皆守焉而特言盜賊者盜賊必囚而守之
故也梏在脰桎在足拲在手左氏傳子蕩以弓梏華
弱于朝則梏在脰明矣明梏著其罪梏猶明刑也
掌戮掌斬殺賊諜而搏之凡殺其親者焚之殺王之親
者辜之凡殺人者踣諸市肆之三日刑盜于市凡罪之
麗于灋者亦如之唯王之同族與有爵者殺之于甸師
氏凡軍旅田役斬殺刑戮亦如之
斬殺賊諜而搏之者已得則斬殺之未得則搏之凡
殺其親者焚之者賊仁莫甚焉故也殺王之親者辜

之者賊義莫甚焉故也刑盜于市凡罪之麗於灋者亦如之者所謂刑人于市非特與衆棄之亦以人之犯刑皆以趨利爲本正以趨利犯刑則唯盜而已故特言刑盜于市也

墨者使守門劓者使守關宮者使守内刖者使守囿髡者使守積

墨者使守門劓者使守關皆無妨禁禦故也劓罪重故遠之刖者使守囿則妨於禁禦可使牧禽獸而已髡者使守積則王族無宮髡之而已使守積積在隱

周官新義卷十五　　十四　　粵雅堂叢書

故也

司隸掌五隸之灋辨其物而掌其政令帥其民而搏盜賊役國中之辱事爲百官積任器凡囚執人之事邦有祭祀賓客喪紀之事則役其煩辱之事掌帥四翟之隸使之各服其邦之服執其邦之兵守王宮與野舍之厲禁

罪隸掌役百官府與凡有守者掌使令之小事凡封國若家牛助爲牽徬其守王宮與其厲禁者如蠻隸之事

蠻隸掌役校人養馬其在王宮者執其國之兵以守王

宫在野外則守厲禁

閩隸掌役畜養鳥而阜蕃敎擾之掌子則取隸焉

掌役畜養鳥役於掌畜也

夷隸掌役牧人養牛馬與鳥言其守王宫者與其守厲禁者如蠻隸之事

貉隸掌役服不氏而養獸而敎擾之掌與獸言其守王宫者其守厲禁者如蠻隸之事

不言阜蕃猛獸非阜蕃之物

布憲掌憲邦之刑禁正月之吉執旌節以宣布于四方

而憲邦之刑禁以詰四方邦國及其都鄙達于四海凡邦之大事合衆庶則以刑禁號令

宣布于四方者以宣布故言四方與詩四方于宣同義以詰四方邦國及其都鄙則詰及邦國之都鄙非特邦國而已達于四海則四方之遠極于四海凡邦之大事合衆庶則以刑禁號令謂于邦有大事鄉合州黨族閭比之聯與其民人之什伍則以刑禁號令焉

禁殺戮掌司斬殺戮者凡傷人見血而不以告者攘獄

者過訟者以告而誅之

掌司斬殺戮者謂非以濫斬殺戮者司之以告而誅之也傷人見血而不以告者攘獄者遏訟者謂有司宜告而不以告宜受而攘遏之見傷而不自言與獄訟而見攘遏非良善則窮弱侵善良抑窮弱刑禁所爲設也

禁暴氏掌禁庶民之亂暴力正者撟誣犯禁者作言語而不信者以告而誅之凡國聚眾庶則戮其犯禁者以徇凡奚隸聚而出入者則司牧之戮其犯禁者

力正謂人言不可聽不可從以力正之使聽而從焉士昏禮曰父西面戒之必有正焉與此正同義政之不明也以下之難知政之不行也以下之難制撟誣作言語而不信下之難知者也暴亂力正犯禁下之難制者也上之所誅於是爲急誅庶民如此則自上可知矣

野廬氏掌達國道路至于四畿比國郊及野之道路宿息井樹若有賓客則令守涂地之人聚欜之有相翔者誅之凡道路之舟車轚互者敘而行之凡有節者及有

爵者至則爲之辟禁野之橫行徑踰者凡國之大事比修除道路者掌凡道禁邦之大師則令埽道路且以幾禁行作不時者不物者

三十里有宿宿有路室所謂宿也十里有廬廬有飲食所謂息也橫行謂不由道徑徑踰謂不由橋梁國之大事則在國中而已邦之大師則通國野焉

蜡氏掌除骴凡國之大祭祀令州里除不蠲禁刑者任人及凶服者以及郊野大師大賓客亦如之若有死于道路者則令埋而置楬焉書其日月焉縣其衣服任器

于有地之官以待其人掌凡國之骴禁

任人謂司圜任之以事之人大賓客亦令州里除不蠲禁刑者任人及凶服者以及郊野則承事如祭有齊敬之心焉

雍氏掌溝瀆澮池之禁凡害于國稼者春令爲阱擭溝瀆之利于民者秋令塞阱杜擭

害於國稼謂害國及稼不言野而言稼蓋野之禁唯稼而已

禁山之爲苑澤之沈者

沈酖也禁山之爲苑不使民專利禁澤之沈者惡其所害衆

萍氏掌國之水禁幾酒謹酒禁川游者

幾酒微察其不節也謹酒謹制其無度也

司寤氏掌夜時以星分夜以詔夜士夜禁禦晨行者禁宵行者夜遊者

詩曰肅肅宵征抱衾與裯則宵非中夜矣詩夜如何其夜鄉晨則自宵以至于晨皆所謂夜時禦晨行者則禦使須明而行禁宵行者則禁之使止也禁夜遊

者則遊非其時雖不行亦禁焉

司烜氏掌以夫遂取明火于日以鑒取明水于月以共祭祀之明齍明燭共明水凡邦之大事共墳燭庭燎中春以木鐸修火禁于國中軍旅修火禁邦若屋誅則爲明竁焉

明燭以明火爲燭明齍以明水爲齍鄭氏謂取火於日取水於月欲得陰陽之潔氣也墳燭大燭屋誅蓋舉家得罪而誅者也明竁蓋揭其罪於竁上若明刑明梏

條狼氏掌執鞭以趨辟王出入則八人夾道公則六人侯伯則四人子男則二人凡誓執鞭以趨于前且命之誓僕右曰殺誓馭曰車轘誓大夫曰敢不關鞭五百誓師曰三百誓邦之大史曰殺誓小史曰墨

掌執鞭以趨辟者趨而避也條狼主誓者掌辟之官以禁止爲事故也誓僕右者爲僕爲右誓其屬也誓馭者爲馭誓其屬也僕右曰殺馭曰車轘則軍旅之事僕右之政當如此誓大夫曰敢不關鞭五百删翼引此句下云刑不上大夫則亦爲大夫誓其屬也則大夫不掌軍政當豫聞而

已故誓之事曰敢不關誓之刑曰鞭五百師誓其屬曰三百則所誓衆人而已大史曰殺則大軍旅抱天時從焉誓其屬不可以不嚴小史曰墨則佐大史而已於大史曰邦之大史則明此所爲誓皆王官于史稱邦則師以上皆可知也

脩閭氏掌比國中宿互欜者與其國粥而比其追胥者而賞罰之禁徑踰者與以兵革趨行者與馳騁于國中者邦有故則令守其閭互唯執節者不幾

國粥謂行粥物于國中者市官所不治故脩閭氏比

之不言禁橫行則國中故也

冥氏掌設弧張爲阱擭以攻猛獸以靈鼓毆之若得其獸則獻其皮革齒須備

設弧以射之設張以伺之爲阱擭以陷之以靈鼓毆之則使趨所陷焉

庶氏掌除毒蠱以攻說禬之嘉草攻之凡毆蠱則令之比之

以攻說禬之則用祝焉以嘉草攻之則用藥焉

穴氏掌攻蟄獸各以其物火之以時獻其珍異皮革

其攻之也以其所嗜誘之以火燠而出之此注據訂義增

翨氏掌攻猛鳥各以其物爲媒而掎之以時獻其羽翮

各以其物爲媒而掎之者媒之以其類也攻猛鳥以除人物之害焉非特利其羽翮而已孟子曰鳥獸之害人者消然後人得平土而居之則正以除害爲主也末句據刪翼增

柞氏掌攻草木及林麓夏日至令刊陽木而火之冬日至令剝陰木而水之若欲其化也則春秋變其水火凡攻木者掌其政令

變其水火者其蘖薄於陰陽相沴之氣化而爲土矣

以上二十字據訂義增以下七十七字據刪翼增

先王之於林麓欲其材木爲用則設官爲厲禁以養蕃之欲其地宅民稼穡則刊剝而化之帝省其山松柏斯兑柞棫斯拔則虞衡之官修焉作之屏之其菑其翳修之平之其灌其栵則柞氏之職用焉

薙氏掌殺草春始生而萌之夏日至而夷之秋繩而芟之冬日至而耜之若欲其化也則以水火變之掌凡殺草之政令

春始生而萌之則始生而夷之不能使之不生故萌
之而弗治焉夏日至而夷之則生氣極矣於是乎可
夷秋繩而芟之則夷而又生生而芟之也冬日至則
生氣復之時於是耜之則不復生矣若欲其化也則
以水火變之者月令所謂燒薙行水也於是草化焉
鄭氏謂含實曰繩莖以繩爲䋮
硩蔟氏掌覆夭鳥之巢以方書十日之號十有二辰之
號十有二月之號十有二歲之號二十有八星之號縣
其巢上則去之

葢日辰月歲星之神凡有氣形者制焉故書其號焉

可以勝天

翦氏掌除蠹物以攻禜攻之以莽草熏之凡庶蠱之事

赤犮氏掌除牆屋以蜃炭攻之以灰洒毒之凡隙屋除

其貍蟲

貍蟲亦有害人者故除之

蟈氏掌去鼃黽焚牡蘜以灰洒之則死以其煙被之則

凡水蟲無聲

去鼃黽使水蟲無聲亦置官者養至尊具官備物焉

且先王之齋去樂以致一方是時也蟲之怒鳴安可以弗除除則宜有掌之者矣

壺涿氏掌除水蟲以炮土之鼓敺之以焚石投之若欲殺其神則以牡橭午貫象齒而沈之則其神死淵爲陵

除水蟲殺淵神爲其有害人者今南方有所謂淵神者民犯之能出爲祟

庭氏掌射國中之夭鳥若不見其鳥獸則以救日之弓與救月之矢夜射之若神也則以大陰之弓與枉矢射之

鳥獸言夜射則神以書射矣嘗用此救日月焉故其精氣足以勝天鄭氏謂大陰之弓救月者也枉矢救日者也詳觀周禮所載道路溝澮一草木一鳥獸一昆蟲小小利害或興或除而地官秋官之職分矣凡所興利以地官主之凡所除害以秋官主之詳觀以下據訂義增

銜枚氏掌司囂國之大祭祀令禁無囂軍旅田役令銜枚禁嘂呼歎嗚于國中者行歌哭于國中之道者

伊耆氏掌國之大祭祀共其杖咸軍旅授有爵者杖共

王之齒杖

杖咸鄭氏謂去杖以函盛之旣事乃授共王之齒杖鄭氏謂王所以賜老者之杖唯大祭祀共杖函葢非大祭祀則杖於朝者弗預焉

周官新義卷十五

譚瑩玉生覆校

周官新義卷十六

宋 王安石 譔

秋官三

大行人掌大賓之禮及大客之儀以親諸侯春朝諸侯而圖天下之事秋覲以比邦國之功夏宗以陳天下之謨冬遇以協諸侯之慮時會以發四方之禁殷同以施天下之政時聘以結諸侯之好殷頫以除邦國之慝閒問以諭諸侯之志歸脤以交諸侯之福賀慶以贊諸侯之喜致禬以補諸侯之烖

冬遇所協之慮時聘所結之好閒問所諭之志歸脤所交之福賀慶所贊之喜致禬所補之裁邦國之君而已故稱諸侯秋覲所比之功殷頫所除之慝臣民預焉非特諸侯故稱邦國時會所發之禁非特一國故稱四方春朝所圖之事夏宗所陳之謨殷同所施之政非特一方故稱天下慮慮患也圖謀事也謀成焉謂之謨事成焉謂之功諸侯之慮協然後天下之事可圖天下之事可圖然後天下之謨成而可陳謨成而可陳然後邦國之功成而可比先事後功功以

成事故也先謨後慮終則有始故也慝陰毒也故除之以殷頫而已言歸賑而不及膰則膰有事而執焉因以賜之非大行人之所歸也言致禬而不及弔言禬而弔可知也義疏引作言致禬而不及喪荒弔恤舉一而四者可知也言諸侯而不言兄弟則兄弟乃大宗伯以禮親焉大行人親諸侯而已義疏作大宗伯以禮辨親疏大行人則言覲諸侯之通制耳唯春朝圖事不言以則春朝朝禮之正非適爲圖事也

以九儀辨諸侯之命等諸臣之爵以同邦國之禮而待其賓客上公之禮執桓圭九寸繅藉九寸冕服九章建

常九斿樊纓九就貳車九乘介九人禮九牢其朝位賓主之間九十步立當車軹擯者五人廟中將幣三享王禮再祼而酢饗禮九獻食禮九舉出入五積三問三勞諸侯之禮執信圭七寸繅藉七寸冕服七章建常七斿樊纓七就貳車七乘介七人禮七牢朝位賓主之間七十步立當前疾擯者四人廟中將幣三享王禮壹祼而酢饗禮七獻食禮七舉出入四積再問再勞諸伯執躬圭其他皆如諸侯之禮諸子執穀璧五寸繅藉五寸冕服五章建常五斿樊纓五就貳車五乘介五人禮五牢

朝位賓主之間五十步立當車衡擯者三人廟中將幣三享王禮壹祼不酢饗禮五獻食禮五舉出入三積壹問壹勞諸男執蒲璧其他皆如諸子之禮凡大國之孤執皮帛以繼小國之君出入三積不問一勞朝位當車前不交擯廟中無相以酒禮之其他皆眡小國之君凡諸侯之卿其禮各下其君二等以下及其大夫士皆如之

三公八命出封加一命則謂之上公自上公以下皆謂之建常所建斿數不同而皆象其道故也上公朝

位賓主之間九十步立當車軹擯者五人侯伯朝位賓主之間七十步立當前疾擯者四人子男朝位賓主之間五十步立當車衡擯者三人則尊者舒而緐卑者蹙而畧故也王禮再祼一祼而酢則祼賓而酢王也一祼不酢則有禮而無報爲若不敢當焉卑故也饗禮九獻七獻五獻則主於飲故以獻爲節食禮九舉七舉五舉則主於食故以舉爲節大國之孤朝位當車前不交擯廟中無相則彌蹙而畧矣以酒禮之則祼如祭祀非禮人君弗用也

邦畿方千里其外方五百里謂之侯服歲壹見其貢祀物又其外方五百里謂之甸服二歲壹見其貢嬪物又其外方五百里謂之男服三歲壹見其貢器物又其外方五百里謂之采服四歲壹見其貢服物又其外方五百里謂之衛服五歲壹見其貢材物又其外方五百里謂之要服六歲壹見其貢貨物九州之外謂之蕃國世壹見各以其所貴寶爲摯

謂之服謂之蕃國人爲之名而已人爲之名故可謂之蠻服亦可謂之要服可謂之夷鎭蕃服亦可謂之

蕃國而與夏服異名也

王之所以撫邦國諸侯者歲徧存三歲徧覜五歲徧省七歲屬象胥諭言語協辭命九歲屬瞽史諭書名聽聲音十有一歲達瑞節同度量成牢禮同數器修灋則十有二歲王巡守殷國

歲徧存使問而存之也三歲徧覜使問而視之也五歲徧省使巡而察之也七歲屬象胥諭言語協辭命者象胥主譯其言譯其言然後言語可諭言語可諭然後辭命可協也諭言語所以使之相通協辭命所

以使之相交二句據義疏增九歲屬瞽史諭書名聽聲音者瞽主樂史主書諭書名故屬史聽聲音故屬瞽諭之聽之則亦協之而已或言協或言聽諭相備也先瞽而後聲音後史而先書名則明聲音書名無所先後十有一歲達瑞節同度量成牢禮同數器修灋則者瑞節所以達四方而交之度量所以同四方而一之以交之也故成其牢禮以一之也故同其數器則尊卑異數貴賤異器而同乎王之所制道有升降禮有損益則王之所制宜以時修之修灋則爲是故也言

語辭命以聲音書名爲本書名聲音以度量灋則爲主度量灋則王之所制也書名雖未之有可以義制聲音雖未之有可以理作故王所以一天下始於言語辭命中於書名聲音終於度量灋則十有二歲王巡守殷國則親出而省焉（刪翼引此文有曰王巡守則諸侯各朝于方岳王不巡守則會諸侯而殷見）或巡守或殷國其出而省焉一也及夫世喪道失道德之意毀於書名之不達禮樂之數熄於度量之不存則先王所以諭而同之可謂知要矣

凡諸侯之王事辨其位正其等協其禮賓而見之若有

大喪則詔相諸侯之禮若有四方之大事則受其幣聽其辭凡諸使之邦交歲相問也殷相聘也世相朝也

曰凡諸侯之邦交歲相問也殷相聘也世相朝也諸侯睦則王室無事矣

小行人掌邦國賓客之禮籍以待四方之使者令諸侯春入貢秋獻功王親受之各以其國之籍禮之

令諸侯春入貢則朝正之時也秋獻功則歲成之時也各以其國之籍禮之則嘗以所禮之國各籍焉以爲故常左氏曰非禮也勿籍

凡諸侯入王則逆勞于畿及郊勞眂館將幣爲承而擯

凡四方之使者大客則擯小客則受其幣而聽其辭使適四方協九儀賓客之禮朝覲宗遇會同君之禮也存頫省聘問臣之禮也

凡四方之使者大客則擯鄭氏謂擯而見之王使得自言小客則受其幣而聽其辭鄭氏謂聽之以入告

達天下之六節山國用虎節土國用人節澤國用龍節皆以金爲之道路用旌節門關用符節都鄙用管節皆以竹爲之

玉節守邦國非其所達邦節先門關後道路則以自內達外言之天下之節先道路後門關則以自外達內言之道路用旌節門關用符節都鄙用管節此惟上所制期無失節而已故以竹爲之此注似據訂義增

成六瑞王用瑱圭公用桓圭侯用信圭伯用躬圭子用穀璧男用蒲璧

上有以合驗乎下下有以合驗乎上則瑞成矣

合六幣圭以馬璋以皮璧以帛琮以錦琥以繡璜以黼

此六物者以和諸侯之好故

圭以象陽之生物馬陽物也乾之所爲故合圭以馬璋章也文明之方所用皮有文焉合璋而不以合琮則自然之文非所以合琮故合琮以錦也琥象陰之殺濅故合琥以繡璜北方之所用也故合璜以黼若國札喪則令賻補之若國凶荒則令賙委之若國師役則令槁禬之若國有福事則令慶賀之若國有禍烖則令哀弔之凡此五物者治其事故及其萬民之利害爲一書其禮俗政事教治刑禁之逆順爲一書其悖逆暴亂作慝猶犯令者爲一書其札喪凶荒戹貧爲一書

其康樂和親安平爲一書凡此五物者每國辨異之以反命于王以周知天下之故

治五物事故亦反命于王以周知天下之故故於萬民之利害稱及焉

司儀掌九儀之賓客擯相之禮以詔儀容辭令揖讓之節將合諸侯則令爲壇三成宮旁一門

爲壇三成則爲三等焉所謂公于上等侯伯于中等子男于下等是也宮旁一門則覲禮所謂四門是也

詔王儀南鄉見諸侯土揖庶姓時揖異姓天揖同姓及

其擯之各以其禮公于上等侯伯于中等子男于下等
其將幣亦如之其禮亦如之王燕則諸侯毛
鄭氏謂土揖下手揖之時揖平手揖之天揖舉手揖
之言毛與齒異齒尚長毛尚老朝尊而公之故尚貴
燕親而私之故尚老
凡諸公相爲賓主國五積三問皆三辭拜受皆旅擯再
勞三辭三揖登拜受拜送主君郊勞交擯三辭車逆拜
辱三揖三辭拜受車送三還再拜致館亦如之致飱如
致積之禮及將幣交擯三辭車逆拜辱賓車進荅拜三

揖三讓每門止一相及廟唯上相入賓三揖三讓登再拜授幣賓拜送幣每事如初賓亦如之及出車送三請三進再拜賓三還三辭告辟致饔餼還圭饗食致贈郊送皆如將幣之儀賓之拜禮拜饔餼拜饗食賓繼主君皆如主國之禮諸侯諸伯諸子諸男之相爲賓也各以其禮相待也如諸公之儀

諸公之臣相爲國客則三積皆三辭拜受及大夫郊勞旅擯三辭拜辱三讓登聽命下拜登受賓使者如初之儀及退拜送致館如初之儀及將幣旅擯三辭拜逆客

辟三揖每門止一相及廟唯君相入三讓客登拜客三辟授幣下出每事如初之儀及禮私面私獻皆再拜稽首君答拜出及中門之外問君客再拜對君拜客辟而對君問大夫客對君勞客客再拜稽首君答拜客趨辟致饔餼如勞之禮饗食還圭如將幣之儀君館客客辟介受命遂送客從拜辱于朝明日客拜禮賜遂行如入之積凡侯伯子男之臣以其國之爵相爲客而相禮其儀亦如之

凡四方之賓客禮儀辭命餼牢賜獻以二等從其爵而

上下之凡賓客送逆同禮凡諸侯之交各稱其邦而爲之幣以其幣爲之禮凡行人之儀不朝不夕不正其主面亦不背客

每門止一相爲將致敬于廟故也及廟唯上相入則致敬故也每門止一相唯君相入則客相不入焉客再拜稽首君荅拜則拜而不稽首主君而客臣故也賓繼主君皆如主國之禮而賓所以繼主君無過不及焉凡諸侯之交各稱其邦而爲之幣爲之禮則主君所以禮賓亦無過不及焉夫邦國之君臣相爲賓

客而先王設官焉問勞贈送物爲之數拜揖辭受事爲之節此邦國之君臣所以相親也（此邦以下十一字據義疏增）觀春秋之時一言之不讐一拜之不中而兩國爲之暴骨則周官圖民禍難豈不爲豫哉不朝不夕不正其主面亦不背客者鄭氏謂不正東鄉不正西鄉常視賓主之閒得兩鄉之而已

行夫掌邦國傳遽之小事媺惡而無禮者凡其使也必以旌節雖道有難而不時必達居于其國則掌行人之勞辱事焉使則介之

環人掌送逆邦國之通賓客以路節達諸四方舍則授館令聚欜有任器則令環之凡門關無幾送逆及疆

曰邦國之通賓客謂諸侯賓客之往來者義疏作取道往來者路節鄭氏謂旌節也

象胥掌蠻夷閩貉戎狄之國使掌傳王之言而諭說焉以和親之若以時入賓則協其禮與其辭言傳之凡其出入送逆之禮節幣帛辭令而賓相之凡國之大喪詔相國客之禮儀而正其位凡軍旅會同受國客幣而賓禮之凡作事王之大事諸侯次事卿次事大夫次事上

士下事庶子

職方氏言四夷八蠻七閩九貉五戎六狄皆其圖地掌于職方而可辨數要者也象胥言掌蠻夷閩貉戎狄之國使而不言其國數則所職非特職方可辨數要之國也不謂之入王而謂之入賓則或非王政所加焉凡作事作四夷之事也王之大事諸侯故彤弓廢則諸夏衰矣次事上士下事庶子則下事有中士下士以庶子包之也

掌客掌四方賓客之牢禮餼獻飲食之等數與其政治

王合諸侯而饗禮則具十有二牢庶具百物備諸侯長十有再獻王巡守殷國則國君膳以牲犢令百官百牲皆具從者三公眂上公之禮卿眂侯伯之禮大夫眂子男之禮士眂諸侯之卿禮庶子壹眂其大夫之禮

凡諸侯之禮上公五積皆眂飧牽三問皆脩羣介行人宰史皆有牢飧五牢食四十簠十豆四十鉶四十有二壺四十鼎簋十有二牲三十有六皆陳饔餼九牢其死牢如飧之陳牽四牢米百有二十筥醯醢百有二十甕車皆陳車米眂生牢牢十車車秉有五籔車禾眂死牢

牢十車車三秅芻薪倍禾皆陳乘禽日九十雙殷膳大牢以及歸三饗三食三燕若弗酌則以幣致之凡介行人宰史皆有飧饔餼以其爵等為之牢禮之陳數唯上介有禽獻夫人致禮八壺八豆八籩膳大牢致饗大牢食大牢卿皆見以羔膳大牢侯伯四積皆眂飧牽再問皆脩飧四牢食三十有二簠八豆三十有二鉶二十有八壺三十有二鼎簋十有二腥二十有七皆陳饔餼七牢其死牢如飧之陳牽三牢米百筥醯醢百甕皆陳米三十車禾四十車芻薪倍禾皆陳乘禽日七十雙殷膳

大牢三饗再食再燕凡介行人宰史皆有飧饔餼以其爵等爲之禮唯上介有禽獻夫人致禮八壺八豆八籩膳大牢致饗大牢卿皆見以羔膳特牛王氏侯伯以下分此誤連子男三積皆眡飧牽壹問以脩飧三牢食二十有四簠六豆二十有四鉶十有八壺二十有四鼎簋十有二牲十有八皆陳饔餼五牢其死牢如飧之陳牽二牢米八十筥醯醢八十甕皆陳米二十車禾三十車芻薪倍禾皆陳乘禽日五十雙壹饗壹食壹燕凡介行人宰史皆有飧饔餼以其爵等爲之禮唯上介有禽獻夫人致禮

六壺六豆六籩膳眡致饔親見卿皆膳特牛
凡諸侯之卿大夫士爲國客則如其介之禮以待之凡
禮賓客國新殺禮凶荒殺禮札喪殺禮禍烖殺禮在野
在外殺禮凡賓客死致禮以喪用賓客有喪唯芻稍之
受遭主國之喪不受饗食受牲禮
言王合諸侯而饗禮遂言王巡狩殷國國君膳以牲
犢禮務施報故也上公牲三十六侯伯腥二十七子
男牲十有八腥卽牲之腥者或言牲或言腥互見也
先王制賓客之禮有餘勿過是也國新凶荒札喪禍

裁在野外則殺焉制其正不制其殺則禮之本甯儉而已

掌訝掌邦國之等籍以待賓客若將有國賓客至則戒官修委積與士逆賓于疆爲前驅而入及宿則令聚欜及委則致積至于國賓入館次于舍門外待事于客及將幣爲前驅至于朝詔其位入復及退亦如之凡賓客之治令訝訝治之凡從者出則使人道之及歸送亦如之凡賓客諸侯有卿訝卿有大夫訝大夫有士訝士皆有訝凡訝者賓客至而往詔相其事而掌其治令

至于朝詔其位入復退亦如之退亦入復若孔子所謂賓不顧矣

掌交掌以節與幣巡邦國之諸侯及其萬民之所聚者道王之德意志慮使咸知王之好惡辟行之使和諸侯之好達萬民之說掌邦國之通事而結其交好

以幣者掌邦國之通使事而結其交好故也此其官所以謂之掌交與道王之德意志慮則與撢人之誦王志異矣

以諭九稅之利九禮之親九牧之維九禁之難九戎之

威

九稅九職之稅九禮九儀之禮九禁九伐之禁九戎九伐之戎蓋方其制軍詰禁則爲九禁及其致戎事焉則爲九伐諭九稅之利使知藝極（刪翼作知樹藝）使諭九禮之親使知分守諭九牧之維使知聽令諭九禁之難使知辟禁諭九戎之威使知兒兵於無事之時使人焉和邦國而諭之折衝消萌多矣不知出此而恃威讓文告征伐之施焉則非所謂爲大於其細圖難于其易也

掌察闕

掌貨賄闕

朝大夫掌都家之國治日朝以聽國事故以告其君長國有政令則令其朝大夫凡都家之治于國者必因其朝大夫然後聽之唯大事弗因凡都家之治有不及者則誅其朝大夫在軍旅則誅其有司

掌都家之國治者都家有治于國則朝大夫掌之在軍旅誅其有司者鄭氏謂有司都家司馬

都則闕

都士闕
家士闕

周官新義卷十六

譚瑩玉生覆校

周官新義附卷上

宋　王安石　譔

考工記一

國有六職百工與居一焉或坐而論道或作而行之或審曲面勢以飭五材以辨民器或通四方之珍異以資之或飭力以長地財或治絲麻以成之

有職者當聽上所聽乎上者言所以爲言者音音之所不能該則聽無與焉奚所受職不通乎此乃或失職則傷之者重矣工興事造業不能上達故不出上

一工字說見第一卷百官謂之百工者以其如之故也當其聯事合志則謂之百僚當其分職率屬則謂之百官當其興事造業則謂之百工民器各有宜不可以不辨民器以下十辨字從訂義增

坐而論道謂之王公作而行之謂之士大夫審曲面勢以飭五材以辨民器謂之百工通四方之珍異以資之謂之商旅飭力以長地財謂之農夫治絲麻以成之謂之婦功

韓非曰自營爲厶背厶爲公王公之公人臣尊位故

以自營爲戒公又訓事公雖尊人亦事人亦事事易曰地勢坤太下則爲勢衰太高則爲勢危坴陸也高而平得埶者也坴陸也彼已陸矣合而成埶得埶而弗失者善其埶故也或又从力以力爲勢斯爲下从辛者商以遷有貨無爲利下道也干上則爲辛焉从內者以入爲利从口者商其事故爲商賈商度宮商之字商爲臣如斯而已（商賈之商本作商从貝商省聲商从冏章省聲從外知內也義異）於食能力者飭也（說文飭从人力食聲）農致其爪掌養所受乎天工者故从臼从囟欲無失時故从辰辰地道

也農者本也故又訓厚濃水厚醲酒厚襛衣厚朩上土中極矣則別而落無以下冂焉說文朩从屮八象枲皮𣏟朩㲉也治絲爲帛治𣏟爲朩八字從訂義增其中不一卒於披而別之男服倘之於廟於庭於序於府皆广也王后之六服或素或沙皆絲絲陽物也故陰倘之六冕皆𣏟𣏟陰物也故陽倘之糸幺可飾物合糸爲絲無所不飾焉凡从糸不必絲也

粵無鎛燕無函秦無廬胡無弓車粵之無鎛也非無鎛也夫人而能爲鎛也燕之無函也非無函也夫人而能

爲函也秦之無廬也非無廬也夫人而能爲廬也胡之無弓車也非無弓車也夫人而能爲弓車也知者創物巧者述之守之世謂之工百工之事皆聖人之作也爍金以爲刃凝土以爲器作車以行陸作舟以行水此皆聖人之所作也

知如矢直可用勝物然必欲使之非不疾而速不行而至是智之事而已所謂良知以直養之可以命物矣知智之事故其字通於智禮从豆用於交物故也則知从矢亦用於辨物智者北方之性也刃用於當

斂之時雖殺不過也用以方發之時則爲創焉創則懲矣故又爲予創若時之字倉言發刀言制故又爲創業垂統之字愴心若創焉愴重陰創物工則欲巧巧者善僞在所方焉作者交錯而難知述者分辨而宜審辨矣然後參以述之知察本末述則述其末而已凡作無常一有一亡是唯人爲道實無作金性悲悲故慘聚得火而樂樂故融釋凡物凝止慘聚火爍之而爲樂焮之而爲欣刀制也能制者刀所制者非刀也刀以用刃爲不得已欲戾右也於用刃也乃爲

戾左刃刃之用刃又戾左焉刃矣重陰則凝凝則疑
易曰履霜堅冰陰始凝也
天有時地有氣材有美工有巧合此四者然後可以爲
良材美工巧然而不良則不時不得地氣也橘踰淮而
北爲枳鸜鵒不踰濟貉踰汶則死此地氣然也鄭之刀
宋之斤魯之削吳粵之劍遷乎其地而弗能爲良地氣
然也燕之角荆之幹妢胡之笴吳粵之金錫此材之美
者也天有時以生有時以殺草木有時以生有時以死
石有時以泐水有時以凝有時以澤此天時也

時以日爲節度數所自出當時爲是是在此也故時又訓此又作止曰古文時从日㞢聲不从止有爲之焉人以爲時以有之也故曰時無止有陰气焉有陽气焉有沖气焉故从乙起於西北則無動而生之也卬左低右屈而不直則气以陽爲主有變動故也又爲气與之气者气以物與所賤也天地陰陽沖气與萬物有气之道又爲气索之气者萬物資焉猶气也其得之有量或又从米氣餼本字經傳借爲气字米食氣也孔子曰肉雖多不使勝食氣夫米殘生傷性不善自養而又養人爲事

氣若此斯爲下

凡攻木之工七攻金之工六攻皮之工五設色之工五刮摩之工五摶埴之工二攻木之工輪輿弓廬匠車梓攻金之工築冶鳧㮚段桃攻皮之工函鮑韗韋裘設色之工畫繢鍾筐㡛刮摩之工玉楖雕矢磬摶埴之工陶旊

攻从工者若所謂攻金之工攻木之工是也从攴者若所謂鳴鼓而攻之是也

有虞氏上陶夏后氏上匠殷人上梓周人上輿

依阜爲之勹缶屬焉陶勹陰陽之氣憂樂無所泄如之故皆謂之陶

故一器而工聚焉者車爲多車有六等之數車軫四尺謂之一等戈柲六尺有六寸既建而迆崇於軫四尺謂之二等人長八尺崇於戈四尺謂之三等殳長尋有四尺崇於人四尺謂之四等車戟常崇於殳四尺謂之五等酋矛常有四尺崇於戟四尺謂之六等車謂之六等之數

車从三象三材从口利轉从丨通上下（説文車象形）乘之

莫鞶之而專則轉或乙之則軋或叕之則輟於所偸則輸其載臣道也輖往而可復周者也輹復也轐僕也軨令也亼以爲ㄗ者軫旗斿之所㕘也夫軫之方也以象地方地事也方而不遷故物㕘焉與車相收也故軫訓收琴所謂軫與琴相收故曰軫軾所憑撫以爲禮式之者也有式則有几軏於用式則爲之先輈載欲準行欲利以需爲病以覆爲戒又作轟兩車也兩攴也兵車於是爲連也軌行無窮也而車之數窮於此與有臼之平上有廿之平下君子所乘烝徒

徒從焉故輿又訓衆作車者自輿始故輿又訓始轐對乘乘者君子也宜能立式者對焉輪一畐一虛一有一無運而無窮無作則止所謂輪者如斯而已輻畐者也實輪而轃轂致福之道也軸作止由之者也轉當轂之先而致用焉轐也轂以虛受福轊以實受福轂者穀善心也軓者軏善首也載者輿運者輪服者輈軏無任焉而持其先出其上輗則有大焉所謂能兒子者也元不足以名之輈也車所以冒難而桀也爲之纏固孜此木也輻者輙不出於轂若賢而非

賢也輢者軓不入於軾若轛而非轛也轂有口所以為利轉至軓而窮焉是皆宜只者也輮柔木以為固抱也輢兵所倚也眾亦倚焉五兵之用遠則弓矢射之近則矛者句之然後殳者擊之戈戟刺之司馬灋曰弓矢圍殳矛守戈戟助凡用此者皆長以衛短短以救長今此戈殳矛戟皆置之車旁不言弓矢則乘車之人佩之曰五兵以下七十四字從訂義增車有六等之數兼三材而兩之較效此者也故君子倚焉

凡察車之道必自載於地者始也是故察車自輪始凡

察車之道欲其樸屬而微至不樸屬無以爲完久也不微至無以爲戚速也輪已崇則人不能登也輪已庳則於馬終古登阤也故兵車之輪六尺有六寸田車之輪六尺有三寸乘車之輪六尺有六寸六尺有六寸之輪軹崇三尺有三寸也如軫與轐焉四尺也人長八尺登下以爲節

度土高深用仞人以度之刃以志之考工記曰人長八尺登下以爲節

輪人爲輪斬三材必以其時三材既具巧者和之轂也

者以爲利轉也輻也者以爲直指也牙也者以爲固抱也輪敝三材不失職謂之完望而眡其輪欲其幎爾而下迆也進而眡之欲其微至也無所取之取諸圜也望其輻欲其揱爾而纖也進而眡之欲其肉稱也無所取之取諸易直也望其轂欲其眼也進而眡之欲其幬之廉也無所取之取諸急也眡其綆欲其蚤之正也察其菑蚤不齵則輪雖敝不匡凡斬轂之道必矩其陰陽陽也者稹理而堅陰也者疏理而柔是故以火養其陰而齊諸其陽則轂雖敝不藃轂小而長則柞大而短則摯

是故六分其輪崇以其一爲之牙圍參分其牙圍而漆其二椁其漆內而中詘之以爲之轂長以其長爲之圍以其圍之防捎其藪

椁其漆內而中詘之以爲長則長短得矣將論轂圍而先牙圍者轂之小大長短以牙圍爲灋凡輪牙之底踐地而行固無事漆牙之兩旁與土相摩亦不必漆漆者指牙之兩旁而言非計其踐地防昔三分之一也此注俱從訂義補脩

五分其轂之長去一以爲賢去三以爲軹

謂之軹者葢轂以利轉至軹而窮焉有宜只之意此注從訂義增

容轂必直陳篆必正施膠必厚施筋必數幬必負幹既摩革色青白謂之轂之善參分其轂長二在外一在內以置其輻凡輻量其鑿深以爲輻廣輻廣而鑿淺則是以大扤雖有良工莫之能固鑿深而輻小則是固有餘而强不足也故竑其輻廣以爲之弱則雖有重任轂不折參分其輻之長而殺其一則雖有深泥亦弗之溓也參分其股圍去一以爲骹圍揉輻必齊平沈必均直以

指牙牙得則無槷而固不得則有槷必足見也六尺有六寸之輪綆參分寸之二謂之輪之固凡爲輪行澤者欲杼行山者欲侔杼以行澤則是刀以割塗也是故塗不附侔以行山則是搏以行石也是故輪雖敝不甐於鑿凡揉牙外不廉而內不挫旁不腫謂之用火之善是故規之以眡其圜也萬之以眡其匡也縣之以眡其輻之直也水之以眡其平沈之均也量其藪以黍以眡其同也權之以眡其輕重之侔也故可規可萬可水可縣可量可權也謂之國工

規成圜圜天道也夫道也規形而下者於天道爲不
居性之圜爲覺在形而下者於天道爲不足性之圜
爲覺在形而下則爲見規所正在器而已榘以木者
一曲一直而成方生於木之曲直从矢者方生直也
从巨者五寸盡天下之方器之巨者巨从工則榘工
所用巨从半口說文巨从工象手持之也非半口則榘與規異
輪人爲蓋達常圍三寸桯圍倍之六寸信其桯圍以爲
部廣部廣六寸部長二尺桯長倍之四尺者二十分寸
之一謂之枚部尊一枚弓鑿廣四枚鑿上二枚鑿下四

枚鑿深二寸有半下直二枚鑿端一枚弓長六尺謂之
庇軹五尺謂之庇輪四尺謂之庇軫參分弓長而揉其
一參分其股圍去一以爲蚤圍參分弓長以其一爲之
尊上欲尊而宇欲卑上尊而宇卑則吐水疾而霤遠蓋
已崇則難爲門也蓋已卑是蔽目也是故蓋崇十尺良
蓋弗冒弗紘殷畝而馳不隊謂之國工
輿人爲車輪崇車廣衡長參如一謂之參稱參分車廣
去一以爲隧參分其隧一在前二在後以揉其式以其
廣之半爲之式崇以其隧之半爲之較崇六分其廣以

一爲之軫圍參分軫圍去一以爲式圍參分式圍去一以爲較圍參分較圍去一以爲軹圍參分軹圍去一以爲轛圍圜者中規方者中矩立者中縣衡者中水直者如生焉繼者如附焉凡居材大與小無并大倚小則摧引之則絶棧車欲弇飾車欲侈

輈人爲輈輈有三度軸有三理國馬之輈深四尺有七寸田馬之輈深四尺駑馬之輈深三尺有三寸軸有三理一者以爲媺也二者以爲久也三者以爲利也軓前十尺而策半之凡任木任正者十分其輈之長以其一

爲之圜衡任者五分其長以其一爲之圜小於度謂之無任五分其軫間以其一爲之軸圍十分其輈之長以其一爲之當兔之圍參分其兔圍去一以爲頸圍五分其頸圍去一以爲踵圍

凡揉輈欲其孫而無弧深今夫大車之轅摯其登又難旣克其登其覆車也必易此無故惟轅直且無橈也是故大車平地旣節軒摯之任及其登阤不伏其轅必縊其牛此無故惟轅直且無橈也故登阤者倍任者也猶能以登及其下阤也不援其邸必緧其牛後此無故惟

轅直且無橈也是故輈欲頎典輈深則折淺則負輈注則利準利準則久和則安輈欲弧而無折經而無絕進則與馬謀退則與人謀終日馳騁左不楗行數千里馬不契需終歲御衣衽不敝此惟輈之和也勸登馬力馬力旣竭輈猶能一取焉良輈環濟自伏兔不至軌七寸軌中有濟謂之國輈

軫之方也以象地也蓋之圜也以象天也輪輻三十以象日月也蓋弓二十有八以象星也龍旂九斿以象大火也鳥旟七斿以象鶉火也熊旗六斿以象伐也龜蛇

四斿以象營室也弧旌枉矢以象弧也

穴有穹者陶穴是也弓有穹者若蓋弓是也椽緣也相抵如角故又謂之桷自極衰之故又謂之榱聯屬上比爲上庇下下有僚之義故又謂之橑蓋弓如之故亦曰橑龍旂九斿以象大火鳥旟七斿以象鶉火熊旗六斿以象伐龜蛇四斿以象營室旐卑者所建兵事兆於此龜蛇北方物所兆也旟所帥衆有與也鳥隼南方爲有與焉旗軍將所建衆期焉其得天數乃可期物熊虎西方止而左右物所期也旂人君所

建以帥眾則宜有義辨焉夫旗熊虎也故宜以知變
爲義夫所能也故宜以義辨爲言
攻金之工築氏執下齊冶氏執上齊鳧氏爲聲㮚氏爲
量段氏爲鎛器桃氏爲刃金有六齊六分其金而錫居
一謂之鍾鼎之齊五分其金而錫居一謂之斧斤之齊
四分其金而錫居一謂之戈戟之齊參分其金而錫居
一謂之大刃之齊五分其金而錫居二謂之削殺矢之
齊金錫半謂之鑒燧之齊
鼎以木巽火曰二氣而飪之所謂鼎盛者以取新爲

義所謂鼎鼎者其重如此凡任用兵遠則弓矢者射之近則矛者句之句之矣然後殳者擊之戈戟者刺之弓象弛弓之形欲有武而不用从一不得已而用从一而止矢从八從睽而通也从入欲覆人之从一與弓同意（説文矢从入象鏑括羽之形）覆人之爲上睽而通其次也一而止又其次也睽而不能通斯爲下誓謂之矢激而後發一往不反如此矢又陳也用矢則陳焉矛句而丁焉必或尸之右持而句左亦兵矣殳右擊人求已勝也然人亦丿焉戈兵至於用戈爲取小矣从

一與弓同意戟戈類兵之健者

築氏爲削長尺博寸合六而成規欲新而無窮敝盡而無惡

工凧木築有飾又作鑪以冒上焉

冶氏爲殺矢刃長寸圍寸鋌十之重三垸戈廣二寸內倍之胡三之援四之已倨則不入已句則不決長內則折前短內則不疾是故倨句外博重三鋝戟廣寸有半寸內三之胡四之援五之倨句中矩與刺重三鋝

金以陰凝冶以陽釋之使唯我所爲能冶物者也所

謂冶容悅而散若金之冶

桃氏爲劍臘廣二寸有半寸兩從半之以其臘廣爲之莖圍長倍之中其莖設其後參分其臘廣去一以爲首廣而圍之身長五其莖長重九鋝謂之上制上士服之身長四其莖長重七鋝謂之中制中士服之身長三其莖長重五鋝謂之下制下士服之

劍者斂其刃焉服者又欲斂而不用

鳧氏爲鍾兩欒謂之銑

鍾上羽其聲從細欒是細貌如詩素冠棘人欒欒兮

彼注云欒欒瘦瘠貌甚鍾兩角處尖細故曰欒此注從訂義錄

銑間謂之于于上謂之鼓鼓上謂之鉦鉦上謂之舞舞上謂之甬甬上謂之衡鍾縣謂之旋旋蟲謂之幹鍾帶謂之篆篆間謂之枚枚謂之景于上之攠謂之隧十分其銑去二以爲鉦以其鉦爲之銑間去二分以爲之鼓間以其鼓間爲之舞脩去二分以爲舞廣以其鉦之長爲之甬長以其甬長爲之圍參分其圍去一以爲衡圍參分其甬長二在上一在下以設其旋薄厚之所震動

清濁之所由出侈弇之所由興有說鍾已厚則石已薄則播侈則柞弇則鬱長甬則震是故大鍾十分其鼓閒以其一爲之厚小鍾十分其鉦閒以其一爲之厚鍾大而短則其聲疾而短聞鍾小而長則其聲舒而遠聞爲遂六分其厚以其一爲之深而圜之

鳧有不可畜者能反人也爲得已焉有可畜者不能乙也爲戾右焉說文鳧从几几鳥几者鳥之短羽飛几几也象形不从反人亦非乙戾右

鍾金爲之鼓壴則用焉鼓從支說文鼓从支鍾從種者種以秋成支以春始支作而散無本不立種止而聚乃

終於播而後生焉鼓又從攴攴擊也鍾又或从童國語曰鍾尚羽樂器重者從細鍾鼓皆壴而攴焉於鼓從壴從攴則鼓以作爲事於鍾從金從重則皆其體也止爲體作爲用鼓以作故凡作樂皆曰鼓鍾訓聚止而聚故也鼓又作鼛鼛者作也作已而鼓有承之者柞氏攻木者也虡衡作之而有柞氏攻之而亡柞木有實而無華有華而無實柞又栩也實染乃見亦一有一亡也所謂鍾侈則柞乍作而止聲一而已柞也春秋外傳曰革木一聲

㮚氏爲量改煎金錫則不秏不秏然後權之權之然後準之準之然後量之量之以爲鬴深尺内方尺而圜其外其實一鬴其臋一寸其實一豆其耳三寸內方而外圜則天地之象一寸三寸則陰陽奇耦之義（此注從訂義增）

其實一升重一鈞其聲中黃鍾之宮概而不稅其銘曰時文思索允臻其極嘉量既成以觀四國永啓厥後茲器維則凡鑄金之狀金與錫黑濁之氣竭黃白次之黃白之氣竭青白次之青白之氣竭青氣次之然後可鑄

也

从木者陰所能㮚以陽而已从口从垂人陰疑陽也从一从丨陽戰而丨也丨則勝陰故一上右（說文㮚从鹵木㮚艸木實垂鹵鹵然象形此云从日从垂人从一从丨非也）㮚北方果縮而果者也木兆於西方故桃从兆至東方生子故李从子至南方子成適口故杏從口北方木實故㮚木在下東南木盛故李杏木在上西木配也故桃木在左木巽曲直木之巽以行權權上下觀以知輕重水至平準致一可準釜有承之者無事於是父道也倘其道故

金在下咼有足鬴有足以咼視鬴爲有爻用焉重一鈞均輕重之鈞均遠近多少之鈞量所概水所漑盡而有繼手所概亦盡而有繼稅有程也有稱也悅然後取則民得說焉故又過於駕說量之字从日曰可量也从土土可量也从凵凵而出乃可量从冂冂而隱亦可量也从口从十可口而量以有數也十上出口則雖在數有不可口而量者說文量从重省曏省聲重从壬東聲詩曰天生蒸民有物有則是非人爲也若貝之爲利也書曰知人則哲明哲實作則是則人爲也若刀之爲

制也以有則也者則有則之也者故又爲不重則不威之則七月之律謂之夷則陰夷物以及未申爲則故至酉告酷焉又作剸鼎者器也有制焉刀者制也作則焉又作劕者天也人也皆有則也

段氏闕

函人爲甲犀甲七屬兕甲六屬合甲五屬犀甲壽百年兕甲壽二百年合甲壽三百年凡爲甲必先爲容然後制革權其上旅與其下旅而重若一以其長爲之圍凡甲鍛不摯則不堅已敝則橈凡察革之道眡其鑽空欲

其惌也眡其裏欲其易也眡其朕欲其直也櫜之欲其約也舉而眡之欲其豐也衣之欲其無齘也眡其鑽空而惌則革堅也眡其裏而易則材更也眡其朕而直則制善也櫜之而約則周也舉之而豐則明也衣之無齘則變也

三十年爲一世則其所因必有革革之要不失中而已治獸皮去其毛謂之革者以能革其形革有革其必有革其形若獸則不可以革其心者不从世而从廿从十者世必有革革不必世也又作𠦃𠦃有爲也

故爪掌焉案臣爲爪又爲掌故曰爪掌

鮑人之事望而眡之欲其荼白也進而握之欲其柔而滑也卷而摶之欲其無迆也眡其著欲其淺也察其線欲其藏也革欲其荼白而疾澣之則堅欲其柔滑而腥脂之則需引而信之欲其直也信之而直則取材正也信之而枉則是一方緩一方急也若苟一方緩一方急則及其用之也必自其急者先裂若苟自急者先裂則是以博爲帴也卷而摶之而不迆則厚薄序也眡其著而淺則革信也察其線而藏則雖敝不甐

韗人爲皋陶長六尺有六寸左右端廣六寸中尺厚三寸穹者三之一上三正鼓長八尺鼓四尺中圍加三之一謂之鼖鼓爲皋鼓長尋有四尺鼓四尺倨句磬折凡冒鼓必以啟蟄之日良鼓瑕如積環鼓大而短則其聲疾而短聞鼓小而長則其聲舒而遠聞

韗所治以軍爲末謂之韗人舉末以該之或作𩊱亦是意人各致功不可齊也故以鼛鼓之音皋則用衆故皋字从本從白夲進趨也大者得衆所以進趨矣皋大者得衆進趨陰雖乘焉不能止也能皋之而已

所謂隰皋山阪駿疾皋則皋緩

韋氏闕

裘氏闕

畫繢之事襍五色東方謂之青南方謂之赤西方謂之白北方謂之黑天謂之元地謂之黃青與白相次也赤與黑相次也元與黃相次也青與赤謂之文赤與白謂之章白與黑謂之黼黑與青謂之黻五采備謂之繡

畫隨其分謂之畫所謂今女畫者自爲分阻以止之意所謂畫繢者蓋始于此繢陽也繡陰也凡繡所象

皆德非苟設飾也使必有肅心焉繢陽也施於衣繪
會五采焉青東方也物生而可見焉故言生言色白
西方也物成而可數焉故言入言數青生丹爲出白
受青爲入出者順也入者逆也夫丹所受一乃木所
含而爲朱者也夫一染而縓再染而赬乃白所謂入
二者也坎爲赤内陽也乾爲大赤内外皆陽也字从
大火爲赤外陽也於赤質其物故又作烾炎也土也
要其末也色本欲幽其末在明故探其本於黑要其
末於烾至陰之色乃出於至陽故火上炎爲黑天謂

之元至黑謂之黼剛柔雜故从又始乎出而顯卒乎入而隱入在下則文在地事也陰變至十則章成矣剛柔雜於東南至西南而章成故畫繢之事以青赤爲文赤白爲章所謂煥乎其有文章猶繢畫也凡斫木者先斧而斤繼事故斧在上斧於斤有爻道焉其西北爲黼黼在乾位則斧有爻體矣黹不一而止終於甫黼黻皆黹也斧有爻體焉黼有用而已黻兩已相弗而以ノ爲守

土以黃其象方天時變火以圜山以章水以龍鳥獸蛇

襍四時五色之位以章之謂之巧

地道得中而炗則其美之見於色如此又作㒸也盛矣而不可以有行也黑探其本癸要其末靑推其色白逆其數赤質其物黃正其所㒸期其極或緐於言

凡有名者皆言類或緐於絲凡有數者皆絲類變支此支此者藏於密故支在內戀心戀焉圜則可以爲圜所口則睘無所至圓德之圓也易曰蓍之德圓而神圜器之圜也易曰乾爲圜

凡畫繢之事後素功

素糸其本也故糸在下衣爲衣裳其末也故衣在上凡器亦如之周官春獻素秋獻成素未受采故以爲裳素之素素而已故又爲素隱之素

鍾氏染羽以朱湛丹秫三月而熾之淳而漬之三入爲纁五入爲緅七入爲緇

水始事木生色每入必變變至於九九已無變於文从木而九在木上火炎之木赤黃色也其熏而黑則緇纁可上達而爲元纁事也元道也緅舍纁取元可謂知取矣水色元元又赤黑焉坎爲赤流故也經从

至則以陽流而䞓緇从甾則以陰雝而緇緇則水之所以爲赤者隱田之所以爲黃者廢

筐人闕

㡛氏涷絲以涚水漚其絲七日去地尺暴之晝暴諸日夜宿諸井七日七夜是謂水涷涷帛以欄爲灰渥淳其帛實諸澤器淫之以蜃清其灰而盝之而揮之而沃之而盝之而塗之而宿之明日沃而盝之晝暴諸日夜宿諸井七日七夜是謂水涷

𦎫孰也羊孰乃可亯淳洎厚也亯物以水爲節則洎

厚所謂其民淳淳者如物孰洎厚所謂以欄爲灰渥淳其帛者灰渥而孰之也醇酒厚也酒生則淸孰則醇周禮有淸酒昔酒昔酒則孰之者也諄孰言之

周官新義附卷上

譚瑩玉生覆校

周官新義附卷下

宋 王安石 譔

考工記二

玉人之事鎮圭尺有二寸天子守之命圭九寸謂之桓圭公守之命圭七寸謂之信圭侯守之命圭七寸謂之躬圭伯守之天子執冒四寸以朝諸侯天子用全上公用龍侯用瓚伯用將繼子男執皮帛天子圭中必

天子平旦而櫛冠日出而視朝一物不應亂之端也宜兢兢業業以致其謹焉故執此以爲之戒此注從訂義增

四圭尺有二寸以祀天大圭長三尺杼上終葵首天子服之土圭尺有五寸以致日以土地祼圭尺有二寸有瓚以祀廟琬圭九寸而繅以象德琰圭九寸判規以除慝以易行璧羨度尺好三寸以爲度圭璧五寸以祀日月星辰璧琮九寸諸侯以享天子穀圭七寸天子以聘女

以穀不失性生生而不窮故天子以納徵此注從訂義增

大璋中璋九寸邊璋七寸射四寸厚寸黄金勺青金外朱中鼻寸衡四寸有繅天子以巡守宗祝以前馬大璋

亦如之諸侯以聘女瑑圭璋八寸璧琮八寸以頫聘牙璋中璋七寸射二寸厚寸以起軍旅以治兵守駔琮五寸宗后以爲權大琮十有二寸射四寸厚寸是謂內鎭宗后守之駔琮七寸鼻寸有半寸天子以爲權兩圭五寸有邸以祀地以旅四望瑑琮八寸諸侯以享夫人案十有二寸棗㮚十有二列諸侯純九大夫純五夫人以勞諸侯璋邸射素功以祀山川以致稍餼

有德此有土鎭圭尺有二寸天子守之命圭九寸謂之桓圭公守之命圭七寸謂之信圭侯守之命圭七

寸謂之躬圭伯守之以玉爲之比德也天子守在四
夷諸侯守在四鄰比土也

櫛人闕

雕人闕

磬氏爲磬倨句一矩有半其博爲一股爲二鼓爲三參
分其股博去一以爲鼓博參分其鼓博以其一爲之厚
已上則摩其旁已下則摩其耑

矢人爲矢鍭矢參分茀矢參分一在前二在後兵矢田
矢五分二在前三在後殺矢七分三在前四在後參分

其長而殺其一五分其長而羽其一以其笴厚爲之羽深水之以辨其陰陽夾其陰陽以設其比夾其比以設其羽參分其羽以設其刃則雖有疾風亦弗之能憚矣刃長寸圍寸鋌十之重三垸前弱則俛後弱則翔中弱則紆中强則揚羽豐則遲羽殺則趮是故夾而搖之以眡其豐殺之節也橈之以眡其鴻殺之稱也凡相笴欲生而摶同摶欲重同重節欲疏同疏欲㮚

陶人爲甗實二鬴厚半寸脣寸盆實二鬴厚半寸脣寸甑實二鬴厚半寸脣寸七穿鬲實五觳厚半寸脣寸庾

實二瞉厚寸半脣寸

鬲獻其氣甗能受焉

旊人爲簋實一瞉崇尺厚半寸脣寸豆實三而成瞉崇尺凡陶旊之事髻墾薜暴不入市器中膊豆中縣膊崇四尺方四寸

旊人爲瓦瓦成有方也瞉窮也瞉窮而通角窮而已斯爲下周官掌客諸侯之禮用簠有差唯簋皆十有二又公食大夫之禮稻粱用簠則簋常以食曰已焉常以食則有通上下用簠則簋從之用簋則簠不從

也簠又内圜有父之用簠簋象竈示食有節故皆从竹簠又作医簋從焉夫道也夫外方所以正也内圜所以應也父道也夫道也内方所以守也外圜所以從也子道也妻道也簋又作匭曰已爲主以飽饑而已医匭皆以虛受物

梓人爲筍虡天下之大獸五脂者膏者臝者羽者鱗者宗廟之事脂者膏者以爲牲臝者羽者鱗者以爲筍虡外骨内骨卻行仄行連行紆行以脰鳴者以注鳴者以旁鳴者以翼鳴者以股鳴者以胷鳴者謂之小蟲之屬

以爲雕琢厚脣弇口出目短耳大胷燿後大體短脰若是者謂之贏屬恒有力而不能走其聲大而宏有力而不能走則於任重宜大聲而宏則於鍾宜若是者以爲鍾虡是故擊其所縣而由其虡鳴銳喙決吻數目顧脰小體騫腹若是者謂之羽屬恒無力而輕其聲清揚而遠聞無力而輕則於任輕宜其聲清揚而遠聞於磬宜若是者以爲磬虡故擊其所縣而由其虡鳴小首而長摶身而鴻若是者謂之鱗屬以爲筍凡攫閷援簭之類必深其爪出其目作其鱗之而深其爪出其目作其鱗

之而則於眡必撥爾而怒苟撥爾而怒則於任重宜且其匪色必似鳴矣爪不深目不出鱗之而不作則必穨爾如委矣苟穨爾如委則加任焉則必如將廢措其匪色必似不鳴矣

柷木爲之中空焉空聲之所生虡器之所出旬均也宜所任均焉栒上版謂之業則以象業成於上而樂作於下膏在肉上故膏脂肉襍生故脂羽左右翼乃得已焉左右自飾也亦以飾物果蠃於實成也無所蔽乚不足於亾者也於果爲蠃矣裸者如之故又訓

裸五蟲皆陽物也羽炎亢乎上故飛而不能潛鱗炎舛乎下故潛而不能飛龍亦鱗物然能飛能潛則唯魚屬爲炎舛乎下舛乎下鱗故也凋草木生事周矣重陰彫焉彫以飾之然亦周其質矣雕羽物生事周矣雕於是時亦搏而雕之玉謂之雕者玉陽物也雕陰物也雕刻制焉陰物之事鐻所任金爲重虡屬于任重宜者也虡在右能勝也

梓人爲飲器勺一升爵一升觚三升獻以爵而酬以觚一獻而三酬則一豆矣食一豆肉飲一豆酒中人之食

也凡試梓飲器鄉衡而實不盡梓師罪之

爵从尸賓祭用焉從鬯以養陽氣也从凵所以盛也从又所以持也从尒資于尊所入小也爵本作爵說文爵象雀之形中有鬯酒又持之也又通于雀雀小隹爲人所爵小者之道又雀春夏集於人上人承焉則以其類去仁且有禮則集用義則與人辨下順上逆難進者也爲所爵者宜如此觚言交物無卪其窮爲孤觶言用禮無度其窮爲單尊者舉觶故于用禮戒焉觚又爲操觚之字觚奇則孤偶則角所謂譎觚如此觶又作觗於作也

窮于止也時詩曰既醉而出並受其福

梓人爲侯廣與崇方三分其廣而鵠居一焉上兩个與其身三下兩个半之上綱與下綱出舌尋縜寸焉張皮侯而棲鵠則春以功張五采之侯則遠國屬張獸侯則王以息燕祭侯之禮以酒脯醢其辭曰惟若寍侯毋或若女不寍侯不屬于王所故抗而射女強飲強食詒女曾孫諸侯百福

梓榮於丙至辛而落正辛之所勝也又謂之杍金木子也正子之所勝也梓音子亦爲是故也又謂之楸

其榮獨夏正秋之所勝也侯内受矢外丁人或作厌亦是意諸侯丁人爲王受難如此侯侯也所謂侯禳是也侯射者所指故侯爲指詞鵠遠舉難中中之則以告故射侯棲鵠中則告勝焉鷰不木處安矣又不如燕之燕也燕嗛土辟戊己戊己二土也故廿在口上謂之元鳥莫知焉知北方性也元北方色故從北襲諸人閒故從人春則戾陰而出秋則戾陽而蟄故八八陰陽所以分也故少昊氏紀司分用此知辟知襲知出知蟄若是者可以燕矣說文燕籥口布翍枝尾象形不从廿

北八

廬人爲廬器戈柲六尺有六寸殳長尋有四尺車戟常
酋矛常有四尺夷矛三尋凡兵無過三其身過三其身
弗能用也而無已又以害人故攻國之兵欲短守國之
兵欲長攻國之人衆行地遠食飮飢且涉山林之阻是
故兵欲短守國之人寡食飮飽行地不遠且不涉山林
之阻是故兵欲長凡兵句兵欲無彈刺兵欲無蜎是故
句兵椑刺兵摶毄兵同強舉圍欲細細則校刺兵同強
舉圍欲重重欲傅人傅人則密是故侵之凡爲殳五分

其長以其一爲之被而圍之參分其圍去一以爲晉圍五分其晉圍去一以爲首圍凡爲酋矛參分其長二在前一在後而圍之五分其圍去一以爲晉圍參分其晉圍去一以爲刺圍凡試廬事置而搖之以眡其蜎也灸諸牆以眡其橈之均也橫而搖之以眡其勁也六建既備車不反覆謂之國工

水始一勺總合而爲川土始一塊總合而爲田虛總合衆實而受之者也皿總合衆有而盛之者也若虛之無窮若皿之有量若川之逝若田之止其爲總合

一也盧者總合之言故广從之爲廬說文盧从皿𠁁聲𠁁从甶俗作甾此从川从田者誤也

匠人建國水地以縣置槷以縣眡以景爲規識日出之景與日入之景晝參諸日中之景夜考之極星以正朝夕

匠人營國方九里旁三門國中九經九緯經涂九軌左祖右社面朝後市市朝一夫夏后氏世室堂脩二七廣四脩一五室三四步四三尺九階四旁兩夾窗白盛門堂三之二室三之一殷人重屋堂脩七尋堂崇三尺四

阿重屋周人明堂度九尺之筵東西九筵南北七筵堂崇一筵五室凡室二筵室中度以几堂上度以筵宮中度以尋野度以步涂度以軌廟門容大扃七个闈門容小扃參个路門不容乘車之五个應門二徹參个內有九室九嬪居之外有九室九卿朝焉九分其國以爲九分九卿治之王宮門阿之制五雉宮隅之制七雉城隅之制九雉

門阿長十五丈高五丈宮隅長二十一丈高七丈城隅長二十七丈高九丈城隅高於宮隅宮隅高於門

阿内外高下之異制此注從訂義增

經涂九軌環涂七軌野涂五軌門阿之制以爲都城之制宮隅之制以爲諸侯之城制環涂以爲諸侯經涂野涂以爲都經涂

工欲善其事必先利其器匠之負陰者物也負利者人也面朝後市蓋取諸此市尚利朝尚義尚義而無以帥之則君子有犯義者矣尚利而無以帥之則小人有罔利者矣夫者以智帥人者也市朝一夫蓋取諸此

匠人爲溝洫耜廣五寸二耜爲耦一耦之伐廣尺深尺謂之甽田首倍之廣二尺深二尺謂之遂九夫爲井井閒廣四尺深四尺謂之溝方十里爲成成閒廣八尺深八尺謂之洫方百里爲同同閒廣二尋深二仞謂之澮專達於川各載其名凡天下之地勢兩山之閒必有川焉大川之上必有涂焉凡溝逆地阞謂之不行水屬不理孫謂之不行梢溝三十里而廣倍凡行奠水磬折以參伍欲爲淵則句於矩凡溝必因水勢防必因地勢善溝者水漱之善防者水淫之凡爲防廣與崇方其閷參

分去一大防外網凡溝防必一日先深之以爲式里爲式然後可以傳衆力凡任索約大汲其版謂之無任葺屋參分瓦屋四分囷窌倉城逆牆六分堂涂十有二分實其崇三尺牆厚三尺崇三之

豕八而辵則遂說文遂从辵㒸聲㒸从八豕聲五溝所謂遂者水自是而之他射耩使絃得遂焉故亦曰遂所謂鄉遂者鄉內嚮遂外遂夫遂者火求而應而非生也遂直達也至溝十百相冓洫中五溝如血衇焉洫又作淢成有一甸淢口一之域土也淢水也澮溝遂洫水會焉

春秋傳曰自參以上稱澮澮又作巜巜會以爲川水有屈屈其流也集衆流爲川涂依溝故从水有舍有辯者依此故从余經畧道路以此爲中謂之五涂故制字如此水東之而漱焉漱則土欠而爲坎凡漱如之

車人之事半矩謂之宣一宣有半謂之欘一欘有半謂之柯一柯有半謂之磬折

車人爲耒庛長尺有一寸中直者三尺有三寸上句者二尺有二寸自其庛緣其外以至於首以弦其內六尺

有六寸與步相中也堅地欲直庛柔地欲句庛直庛則利推句庛則利發倨句磬折謂之中地

草無實用于土猶耒耒而除之乃達嘉穀揉木爲耒用此故也

車人爲車柯長三尺博三寸厚一寸有半五分其長以其一爲之首轂長半柯其圍一柯有半輻長一柯有半其博三寸厚三之一渠三柯者三行澤者欲短轂行山者欲長轂短轂則利長轂則安行澤者反輮行山者仄輮反輮則易仄輮則完六分其輪崇以其一爲之牙圍

柏車轂長一柯其圍二柯其輻一柯其渠二柯者三五
分其輪崇以其一爲之牙圍大車崇三柯綆寸牝服二
柯有參分柯之二羊車二柯有參分柯之一柏車二柯
凡爲轅三其輪崇參分其長二在前一在後以鑿其鉤
徹廣六尺鬲長六尺
弓人爲弓取六材必以其時六材既聚巧者和之幹也
者以爲遠也角也者以爲疾也筋也者以爲深也膠也
者以爲和也絲也者以爲固也漆也者以爲受霜露也
凡取幹之道七柘爲上檍次之檿桑次之橘次之木瓜

次之荆次之竹為下凡相幹欲赤黑而陽聲赤黑則鄉心陽聲則遠根凡析幹射遠者用埶射深者用直居幹之道菑栗不迆則弓不發

凡相角秋閷者厚春閷者薄穉牛之角直而澤老牛之角紾而昔疢疾險中瘠牛之角無澤角欲青白而豐末夫角之本蹙於刲而休於氣是故柔柔故欲其埶也白也者埶之徵也夫角之中恒當弓之畏畏也者必橈橈故欲其堅也青也者堅之徵也夫角之末遠於刲而不休於氣是故脃脃故欲其柔也豐末也者柔之徵也角

長二尺有五寸三色不失理謂之牛戴牛

凡相膠欲朱色而昔昔也者深瑕而澤紾而摶廉鹿膠青白馬膠赤白牛膠火赤鼠膠黑魚膠餌犀膠黃凡昵之類不能方

凡相筋欲小簡而長大結而澤小簡而長大結而澤則其爲獸必剽以爲弓則豈異於其獸筋欲敝之敝漆欲測絲欲沈得此六材之全然後可以爲良

凡爲弓冬析幹而春液角夏治筋秋合三材寒奠體冰析灂冬析幹則易春液角則合夏治筋則不煩秋合三

材則合寒奠體則張不流冰析灂則審環春被弦則一年之事析幹必倫析角無邪斵目必荼斵目不荼則及其大脩也筋代之受病夫目也者必强强者在內而摩其筋夫筋之所由幨恆由此作故角三液而幹再液厚其帤則木堅薄其帤則需是故厚其液而節其帤約之不皆約疏數必侔斵摯必中膠之必均斵摯不中膠之不均則及其大脩也角代之受病夫懷膠於內而摩其角夫角之所由挫恆由此作凡居角長者以次需恆角而短是謂逆橈引之則縱釋之則不校恆角而達譬如

終紲非弓之利也今夫茭解中有變焉故校於挺臂中有柎焉故剽恆角而達引如終紲非弓之利撟幹欲孰於火而無贏撟角欲孰於火而無燂引筋欲盡而無傷其力鬻膠欲孰而水火相得然則居旱亦不動居溼亦不動苟有賤工必因角幹之溼以爲之柔善者在外動者在內雖善於外必動於內雖善亦弗可以爲良矣

凡爲弓方其峻而高其柎長其畏而薄其敝宛之無已應下柎之弓末應將興爲柎而發必動於閷弓而羽閷末應將發弓有六材焉維幹強之張如流水維體防之

引之中參維角堂之欲宛而無負弦引之如環釋之無失體如環材美工巧爲之時謂之參均角不勝幹幹不勝筋謂之參均量其力有三均均者三謂之九和

多寡輕重等而後可以謂之均剛柔强弱稱而後可以謂之和多寡輕重不均欲其和不可也故均者三謂之九和此注從訂義增

九和之弓角與幹權筋三侔膠三鋝絲三邸漆三斞上工以有餘下工以不足爲天子之弓合九而成規爲諸侯之弓合七而成規大夫之弓合五而成規士之弓合

三而成規弓長六尺有六寸謂之上制上士服之弓長六尺有三寸謂之中制中士服之弓長六尺謂之下制下士服之

凡爲弓各因其君之躬志慮血氣豐肉而短寬緩以荼若是者爲之危弓危弓爲之安矢骨直以立忿埶以奔若是者爲之安弓安弓爲之危矢其人安其弓安其矢安則莫能以速中且不深其人危其弓危其矢危則莫能以愿中往體多來體寡謂之夾臾之屬利射侯與弋往體寡來體多謂之王弓之屬利射革與質往體來體

若一謂之唐弓之屬利射深大和無灂其次筋角皆有灂而深其次有灂而疏其次角無灂合灂若背手文角環灂牛筋蕡灂麋筋斥蠖灂和弓轂摩覆之而角至謂之句弓覆之而幹至謂之侯弓覆之而筋至謂之深弓

睽而孤也乃用弧焉音胡疑辭也弧弓也然周官六弓有弧弓焉以授射甲革椹質者睽孤所利勝堅而已與王弓同則王以威天下爲義至盡善也四字從訂義增

周官新義附卷下

譚瑩玉生覆校